新版
建设工程施工合同纠纷
司法解释精解及实操指引

张正勤　王　鑫　编著

中国建筑工业出版社

图书在版编目（CIP）数据

新版建设工程施工合同纠纷司法解释精解及实操指引/张正勤，王鑫编著.—北京：中国建筑工业出版社，2021.9
ISBN 978-7-112-26580-0

Ⅰ.①新… Ⅱ.①张… ②王… Ⅲ.①建筑工程—工程施工—合同纠纷—法律解释—中国 Ⅳ.①D923.65

中国版本图书馆CIP数据核字（2021）第192603号

本书以二十个主要问题作为导向，以实务为根本宗旨，从前提、法理、实务的不同角度，以最高院的司法解释为主，从法律关联、条款组合及篇章连接的角度，从立法宗旨、制定目的与法律原则出发，追求综合性、整体性与周延性的规则解读。同时，理论联系实际，根据相关法理解读，逐一就相关问题予以详尽的法律建议。

"专业问题法律化，法律问题专业化"是笔者秉承的执业特点。故，本书致力于通过专业视角谈法律问题，运用法律语言解读专业困惑。

希冀本书的实务研究与理论分析有助于我国建设工程领域中，各从业主体及相关法律工作者建筑活动及其司法实践的开展。

责任编辑：赵晓菲　朱晓瑜
责任校对：李美娜

新版建设工程施工合同纠纷司法解释精解及实操指引
张正勤　王　鑫　编著

*

中国建筑工业出版社出版、发行（北京海淀三里河路9号）
各地新华书店、建筑书店经销
逸品书装设计制版
北京建筑工业印刷厂印刷

*

开本：787毫米×1092毫米　1/16　印张：15　字数：265千字
2021年10月第一版　2021年10月第一次印刷
定价：**59.00元**
ISBN 978-7-112-26580-0
（38036）

版权所有　翻印必究
如有印装质量问题，可寄本社图书出版中心退换
（邮政编码 100037）

前 言

作为长期服务于建设工程法律领域的专业律师，在一直以来的实践中，笔者时刻反思着建筑行业常见的风险与纠纷的成因和根源。

在建设社会主义法治中国的现在，其实多数纠纷仍体现了市场主体对于法律适用和认识的欠缺。例如，侧重实体法但忽略程序法、关注行政法规但忽略司法解释、仅着重单一条文适用但忽略体系等。此外，仅注重事后纠纷解决而忽视事前风险防控，更是多数建设行业主体的常态现状。

结合现今法律法规不断日新月异的现状，笔者希望借通过本书，结合新行司法解释、民法典等新法新规对于现行建设工程领域的法律进行全面化、逻辑性的归纳及解读，帮助建筑行业主体在活动中的准确适用与正确理解，以助于防止或减少法律风险与合同纠纷的发生。

本书以二十个主要问题作为导向，以实务为根本宗旨，从前提、法理、实务的不同角度，以最高院的司法解释为主，从法律关联、条款组合及篇章连接的角度，从立法宗旨、制定目的与法律原则出发，追求综合性、整体性与周延性的规则解读。同时。理论联系实际，根据相关法理解读，逐一就相关问题予以详尽的法律建议。

"专业问题法律化，法律问题专业化"是笔者秉承的执业特点。故，本书致力于通过专业视角谈法律问题，运用法律语言解读专业困惑。

希冀本书的实务研究与理论分析有助于我国建设工程领域中，各从业主体及相关法律工作者建筑活动及其司法实践的开展。

受限于时间仓促与学识浅薄，本书难免存疏漏乃至谬误之处，敬请广大读者及业界同人不吝赐教、批评指正。本书的出版得到了张姝律师的大力支持，在此表示感谢！

凡 例

1.为简化说明,本书中涉及的法律文件名称在行文表述时一般将"中华人民共和国"省略,其他部分保留。例如,《中华人民共和国民法典》简称为《民法典》。

2.原2005年1月1日起施行的《最高人民法院关于审理建设工程施工合同纠纷案件适用法律问题的解释》简称为《施工合同纠纷司法解释》。

3.原2019年2月1日起施行的《最高人民法院关于审理建设工程施工合同纠纷案件适用法律问题的解释(二)》简称为《施工合同纠纷司法解释(二)》。

4.2021年1月1日起施行的《最高人民法院关于审理建设工程施工合同纠纷案件适用法律问题的解释(一)》简称为《施工合同纠纷司法解释(一)》。

5.《最高人民法院关于建设工程价款优先受偿权问题的批复》简称为《工程价款优先受偿权批复》。

6.《最高人民法院关于装修装饰工程款是否享有合同法第二百八十六条规定的优先受偿权的函复》简称为《装修装饰工程优先受偿权函复》。

目 录

01 要点一：
施工合同无效的情形　　001
　　一、相关条款　　001
　　二、条款解读　　004
　　三、建议与提醒　　011
　　四、法条链接　　012

02 要点二：
无效施工合同的处理　　016
　　一、相关条款　　016
　　二、条款解读　　018
　　三、建议与提醒　　022
　　四、法条链接　　022

03 要点三：
招标投标的实质性内容　　024
　　一、相关条款　　024
　　二、条款解读　　026
　　三、建议与提醒　　029
　　四、法条链接　　030

04 要点四：
招标发包的阴阳合同　　　　　　　　　　**034**
一、相关条款　　　　　　　　　　034
二、条款解读　　　　　　　　　　035
三、建议与提醒　　　　　　　　　039
四、法条链接　　　　　　　　　　040

05 要点五：
工程价款的市场属性　　　　　　　　　　**042**
一、相关条款　　　　　　　　　　042
二、条款解读　　　　　　　　　　044
三、建议与提醒　　　　　　　　　048
四、法条链接　　　　　　　　　　049

06 要点六：
工程签证属性和种类　　　　　　　　　　**052**
一、相关条款　　　　　　　　　　052
二、条款解读　　　　　　　　　　055
三、建议与提醒　　　　　　　　　062
四、法条链接　　　　　　　　　　063

07 要点七：
工程结算的默示认可　　　　　　　　　　**065**
一、相关条款　　　　　　　　　　065
二、条款解读　　　　　　　　　　067
三、建议与提醒　　　　　　　　　071
四、法条链接　　　　　　　　　　071

08 要点八：
工程欠款利息的计算　　　　　　　　　　**075**
一、相关条款　　　　　　　　　　075

二、条款解读　　077
　　三、建议与提醒　　081
　　四、法条链接　　082

09 要点九：
启动价款鉴定的条件　　084
　　一、相关条款　　084
　　二、条款解读　　086
　　三、建议与提醒　　091
　　四、法条链接　　092

10 要点十：
鉴定的举证和质证　　095
　　一、相关条款　　095
　　二、条款解读　　096
　　三、建议与提醒　　103
　　四、法条链接　　104

11 要点十一：
工程鉴定的规范和补正　　108
　　一、相关条款　　108
　　二、条款解读　　109
　　三、建议与提醒　　115
　　四、法条链接　　116

12 要点十二：
建设工程时间节点的确定　　118
　　一、相关条款　　118
　　二、条款解读　　122
　　三、建议与提醒　　127
　　四、法条链接　　128

13 要点十三：
建设工程质量责任承担（一） **132**
一、相关条款 132
二、条款解读 134
三、建议与提醒 141
四、法条链接 142

14 要点十四：
建设工程质量责任承担（二） **145**
一、相关条款 145
二、条款解读 147
三、建议与提醒 152
四、法条链接 154

15 要点十五：
工期顺延的确定方式 **158**
一、相关条款 158
二、条款解读 161
三、建议与提醒 166
四、法条链接 167

16 要点十六：
固定价不予鉴定的理解 **171**
一、相关条款 171
二、条款解读 173
三、建议与提醒 177
四、法条链接 179

17 要点十七：
建设工程质量责任的承担 **181**
一、相关条款 181

二、条款解读　183
　　三、建议与提醒　187
　　四、法条链接　188

18 要点十八：
实际施工人的权利救济　**192**
　　一、相关条款　192
　　二、条款解读　194
　　三、建议与提醒　198
　　四、法条链接　199

19 要点十九：
工程价款优先受偿权之一　**201**
　　一、相关条款　201
　　二、条款解读　205
　　三、建议与提醒　211
　　四、法条链接　213

20 要点二十：
工程价款优先受偿权之二　**216**
　　一、相关条款　216
　　二、条款解读　218
　　三、建议与提醒　225
　　四、法条链接　226

> 要点一：

施工合同无效的情形

一、相关条款

（一）《施工合同纠纷司法解释（一）》第三条

1. 具体条款

当事人以发包人未取得建设工程规划许可证等规划审批手续为由，请求确认建设工程施工合同无效的，人民法院应予支持，但发包人在起诉前取得建设工程规划许可证等规划审批手续的除外。

发包人能够办理审批手续而未办理，并以未办理审批手续为由请求确认建设工程施工合同无效的，人民法院不予支持。

2. 主旨诠释

本条第一款是关于建设工程施工合同因标的物违法而无效的规定。在理解和适用本款时，应关注如下几方面的内容：

第一，建设工程施工领域除条款中列明的建设工程规划许可证外，还涉及其他三证：建设用地规划许可证、国有土地使用权证、建筑工程施工许可证。既如此，缘何本条款中仅列明建设工程规划许可证一项呢？实则有章可循。未取得建设用地规划许可证及建设工程规划许可证的建筑因违反《中华人民共和国城乡规划法》之禁止性规定而属违法建筑。施工合同标的物违法，合同当属无效。在实务中，建设工程规划许可证的办理又以建设用地规划许可证的办理为前提。换言之，即只要有前者就必然已取得了后者。而取得了建设用地规划许可证，就具备了取得土地使用权的合法性，后续办理土地使用权证就仅是程序问题。故，没有国有土地使用权证，并不影响项目的正常施工，自然也不会对合同效力产生影响。建筑工程施工许可证则是行政主管部门对建设单位进行工程建设资格的一种审查，是一种行政管理手段。办理建筑工程施工许可证属于管理性规范，不影响民事合同的效力。

第二，本条款还体现了现今民法理论中的"效力补正理论"，即基于维持经济社会良性发展的考量，即便签订合同时尚缺合同成立或生效的部分要件，但只要在事后对该要件予以补正，法律对于该合同的效力还是持肯定态度。该理论体现在建设工程合同中，即反映为若合同签订时发包人未取得相应的规划审批手续，只要在起诉前取得，其所签订的建设工程施工合同仍然是合法、有效的。

在理解及适用该规定时，我们还应关注效力补正时点。在我国传统民事诉讼司法实践中，补正时间通常是"一审庭审辩论终结前"。而本条中将规划许可证的补正时间提前到起诉前，既是对发包人更为严格的时间约束，同时也避免了争讼双方就庭审辩论终结时点问题产生争议。

本条第二款是关于发包人恶意不办理审批手续对合同效力影响的规定。由于办理相应规划审批手续是发包人的责任和义务，为避免发包人在具备办理条件的前提下不予办理，而又基于逃避违约责任等不正当目的要求法院确认该建设工程施工合同无效，本款就此行为给予否定评价。

（二）《施工合同纠纷司法解释（一）》第一条

1.具体条款

建设工程施工合同具有下列情形之一的，应当依据民法典第一百五十三条第一款的规定，认定无效：

（1）承包人未取得建筑业企业资质或者超越资质等级的；

（2）没有资质的实际施工人借用有资质的建筑施工企业名义的；

（3）建设工程必须进行招标而未招标或者中标无效的。

承包人因转包、违法分包建设工程与他人签订的建设工程施工合同，应当依据民法典第一百五十三条第一款及第七百九十一条第二款、第三款的规定，认定无效。

要点一：
施工合同无效的情形

2. 主旨诠释

本条款是关于建设工程施工承包合同无效的规定。主要包含以下六个方面的内容：

第一，本条款是从《建筑法》的立法宗旨出发，根据《民法典》第一百五十三条第一款"违反法律、行政法规的强制性规定的民事法律行为无效"的规定，列举了五种施工合同无效的情形。

第二，由于建筑工程质量涉及公共安全和社会效益，法律对从事建筑施工的企业设置了严格的准入条件，要求建筑施工企业必须满足相应的资质要求。如果承包人不具备相应的资质，其与发包人所签订的施工合同无效。

第三，具有相应资质的建筑业施工企业，法律强制规定其必须在其资质等级许可的业务范围内承揽工程。如果承包人超越其资质等级许可范围承揽工程的，其与发包人所签订的施工合同无效。

第四，不具备相应资质的建筑施工企业而借用其他有资质的施工企业的名义与发包人所签订的施工承包合同是无效合同。

第五，为了保证建设工程质量，《招标投标法》规定了三种必须进行招标投标程序的建设工程。此三类建设工程如果没有进行招标投标程序，承包人与发包人所签订的施工合同是无效合同。

第六，根据《招标投标法》的规定，中标通知对招标人与投标人具有法律约束力，故承包人与发包人依据无效的中标所签订的施工合同是无效合同。

（三）《施工合同纠纷司法解释（一）》第四条

1. 具体条款

承包人超越资质等级许可的业务范围签订建设工程施工合同，在建设工程竣工前取得相应资质等级，当事人请求按照无效合同处理的，人民法院不予支持。

2. 主旨诠释

本条款是关于承包人超越资质等级许可的业务范围所签订的施工承包合同，在履行过程中取得相应资质的可被认定为有效合同的规定。该条款主要包含以下三点内容：

第一，本条款的理论基础是合同效力补正理论，即当事人所签订的合同因违反法律的禁止性规定，导致合同不能满足有效条件。但是，当事人可通过事后补正或实际履行来使合同满足有效条件。

第二，承包人有施工承包资质，但所签订的施工承包合同的承包范围超越了承包人所具有的资质等级许可的范围，如在建设工程竣工前取得相应资质等级的，所签订的施工承包合同按有效处理。

第三，如承包人不具备施工承包资质，则不适用本条规定的效力补正理论。

（四）《施工合同纠纷司法解释（一）》第五条

1. 具体条款

具有劳务作业法定资质的承包人与总承包人、分包人签订的劳务分包合同，当事人请求确认无效的，人民法院依法不予支持。

2. 主旨诠释

本条款是关于劳务分包合同效力的规定。劳务分包合同的标的是劳务作业承包人组织劳动者进行工程建设的劳动活动，属于提供劳务的合同。

劳务分包不同于转包及违法分包等行为，不为法律所禁止，故具有劳务作业法定资质的承包人与总承包人、分包人签订的劳务分包合同系有效合同。

二、条款解读

（一）判断施工承包合同无效的依据

1. 以狭义法律或行政法规作为判断依据

民事法律行为如需得到法律保护，则必须遵守法律的相关规定。因此，依法成立的合同仅在符合生效要件的前提下，才能得到法律上的肯定并受到法律保护。另外，民法遵循意思自治，原则上不对民事主体进行民事活动干预。但是，为了对市场宏观调控和维持市场程序，为了保护国家、集体等利益及社会公共利益，体现公平、合理，国家对意思自治予以适度的限制是完全必要的[①]。

符合当事人的意志，但不符合国家意志的合同，具体而言就是当事人的双方合意违反了法律、行政法规的效力性强制性规定或公序良俗，国家不予认可，这就是无效合同的本质。所谓法律、行政法规的强制性规定，是指法律、行政法规中关于人们不得进行某些行为或者必须进行某些行为的规定[②]。根据《立法法》的规定，有关民事基本制度事项只能由法律来规定[③]，而国务院为了执行有关民事基本法律的规定，可以制定相应的行政法规[④]。而地方性法规、地方规章、部门规章受立法权限以及适用范围的限制不能对民事基本制度进行规定。因此，认定合同无效的依据仅为法律和行政法规，地方性法规和行政规章等不能作为无效合同的认定依据。

如果当事人的约定并未违反法律和行政法规中的强制性规定，但违反地方性法规或者部门规章的，并不导致双方签订的合同无效，其法律后果是有关部门可以根据该地方性法规或规章的有关规定作出相关处理。

2. 惟违反效力性规定者才被认定无效

根据法律条款是否具有强制性可分为强制性规定和任意性规定。任意性规定往往不涉及合同效力的问题，只有强制性规定才可能与合同效力问题相涉及。而强制性规定又可分为效力性规定和管理性规定，故并非违反强制性规定一定导致合同无效（或者条款无效）。

惟违反效力性规定的合同（或条款）才会被认定为无效，而违反管理性规定则不会必然导致合同无效。

[①] 梁慧星.民法总论[M].北京：法律出版社，2004：35.
[②] 胡康生.中华人民共和国合同法释义[M].北京：法律出版社，1999：92.
[③] 《立法法》第八条第（七）项规定：
"下列事项只能制定法律：
（七）民事基本制度；"
[④] 《立法法》第五十八条第（一）项规定：
"国务院根据宪法和法律，制定行政法规。行政法规可以就下列事项作出规定：
（一）为执行法律的规定需要制定行政法规的事项；"

（二）主体瑕疵而施工合同无效

1. 承包人主体瑕疵而致合同无效

建设工程合同是承包人进行工程建设，发包人支付价款的特殊承揽合同，通常包括工程勘察、设计、施工合同。为实现"保证工程质量和安全"这一宗旨，《建筑法》对工程合同中的承包人（即建筑施工企业、勘察单位、设计单位等）设置了严格的准入条件，并限制其仅得以在其资质范围内从事建筑活动。因此，《施工合同纠纷司法解释（一）》第一条第（一）项、第（二）项中规定，承包人没有资质、借用资质或超越资质所签订的建设工程施工合同无效。

由于超越资质等级者毕竟并非没有资质，因此，法律对其所签订的施工承包合同效力予以一定程度的宽容，即只要在建设工程竣工前取得相应资质等级，该施工承包合同就可以认定为有效。《施工合同纠纷司法解释（一）》第五条是合同效力补正理论在建设工程施工合同中的应用。

在司法实践中，合同效力补正理论早已有所应用。例如，最高院《关于审理商品房买卖合同纠纷案件适用法律若干问题的解释》第二条规定，出卖人未取得商品房预售许可证明，与买受人订立的商品房预售合同，应当认定无效，但是在起诉前取得商品房预售许可证明的，可以认定有效。合同效力补正理论在一定程度上能够起到促进当事人积极履行合同，保证交易安全的作用。

2. 发包人主体瑕疵而致合同无效

在城市、镇规划区内土地使用权除了以划拨方式取得外，更为主要的取得方式是出让。而无论以上述何种方式取得土地使用权，均须领取建设用地规划许可证及建设工程规划许可证后方可办理开工许可。若没有该"二证"，则建设单位无法成为符合《建筑法》要求的发包人。《施工合同纠纷司法解释（一）》第三条明确，若发包人没有"二证"，其所签订的建设工程施工合同无效。

《施工合同纠纷司法解释（一）》给予超越资质承揽工程的承包人以补正的机会，相对应的，也给予了未取得"二证"的发包人以补正的机会。即发包人在起诉前取得建设工程规划许可证等规划审批手续，可以认定其所签订的建设工程施工合同有效。

由于办理相应规划审批手续是发包人的责任和义务，为避免发包人为逃避违约责任等不正当目的恶意不办理审批手续，本条就此情形下发包人确认该建设工程施工合同无效的主张给予否定评价。

此外，《建筑法》第二章"建筑许可"共有两节。其中，第一节"建筑工程施工许可"中的强制性规定属于管理性规定；第二节"从业资格"中的强制性规定则属于效力性规定。因此，若发包人未取得施工许可证的，不影响其与承包人所签订的施工合同的效力。

（三）发包行为瑕疵而致合同无效

发包方式有直接发包和招标发包两种[①]。招标发包又可分为必须招标而招标，以及非必须招标而当事人自愿选择招标两种情况，但无论前者还是后者，只要采用招标发包方式，均应遵循《招标投标法》的规定[②]。

1. 招标发包存在瑕疵而致合同无效

根据《施工合同纠纷司法解释（一）》的相关规定，《招标投标法》中规定的必须进行招标的项目如未招标将导致所签订的施工承包合同无效。当事人自愿选择招标的，也可能因中标无效而导致签订的施工承包合同无效。

法律规定强制性招标工程项目必须以公开招标方式进行。以下四种建设工程项目属于强制性招标投标工程项目：

（1）大型基础设施、公共事业等关系社会公共利益、公共安全的项目

所谓基础设施是指为国民经济生产和生活过程提供公共服务的物质工程设施，可分为生产性基础设施和社会性基础设施。所谓公共事业是指为适应生产和生活需要而提供的具有公共用途的服务。

（2）全部或部分使用国有资金投资或者国家融资项目

所谓使用国有资金投资项目是指建设工程项目所使用的资金来源是国家的投资项目。所谓使用国家融资项目是指建设工程项目所使用的融资贷款项目的贷款

---

① 《建筑法》第十九条：
"建筑工程依法实行招标发包，对不适于招标发包的可以直接发包。"
② 《招标投标法》第二条：
"在中华人民共和国境内进行招标投标活动，适用本法。"

人是国家的投资项目。

(3) 使用国际组织或者外国政府贷款、援助资金的项目

所谓使用国际组织或者外国政府贷款、援助资金的项目是指建设工程项目所使用的贷款资金的出资人是国际组织或外国政府及其机构，或者所使用的资金是由国际组织或者外国政府援助的投资项目。

(4) 法律或国务院规定必须进行招标投标的项目

法律规定，国务院发展改革部门可以根据实际需要，会同国务院有关部门对必须进行招标的具体范围和规模标准进行部分调整。而省级人民政府则可根据本地区的实际情况，规定本地区必须进行招标的具体范围和规模标准，但不得缩小本规定确定的必须进行招标的范围。

中标是招标投标项目签订合同的前提。法律规定"中标无效"所签订的施工合同无效。而中标无效大致包括以下七种情形：

(1) 泄露保密信息影响中标所签的施工合同

建设工程项目招标投标程序的操作具有一定的专业性和政策性，发包人往往委托有资质的招标代理机构来完成，如果招标代理机构泄露应当保密的有关情况并影响最终中标，则中标无效。

(2) 招标机构参与串通影响中标所签的施工合同

如果出现招标代理机构与招标人、投标人串通损害国家利益、社会公共利益或者他人利益并影响中标结果，该行为所造成的后果明显有悖于《招标投标法》的宗旨的，则中标无效。

(3) 需招标项目透露标底影响中标所签的施工合同

如上所述，强制性招标投标的建设工程项目往往具有关系国计民生、涉及国有资产的保值增值以及社会公共安全等因素，如果出现招标人向他人透露标底等情况并且影响中标结果，势必不能保障上述目的的实现，故其中标无效[1]。

---

[1]《招标投标法》第五十二条规定：
"依法必须进行招标的项目的招标人向他人透露已获取招标文件的潜在投标人的名称、数量或者可能影响公平竞争的有关招标投标的其他情况的，或者泄露标底的……，前款所列行为影响中标结果的，中标无效。"

要点一：
施工合同无效的情形

（4）串标或行贿而中标所签的施工合同

串标行为明显与《招标投标法》的原则与宗旨相违背，其中标无效[1]。投标人串标行为主要表现为[2]：投标人之间相互约定，一致抬高或者压低投标报价；投标人之间相互约定，在招标项目中轮流以高价位或者低价位中标；投标人之间先行进行内部竞价，内定中标人，然后再参加投标；投标人之间其他串通投标行为。

投标人与招标人串标行为主要表现为[3]：招标人在公开开标前，开启标书并将投标情况告知其他投标人，或者协助投标者撤换标书，更改报价；招标人向投标人泄露标底；投标人与招标人商定，在招标投标时压低或者抬高标价，中标后再给投标人或者招标人额外补偿；招标人预先内定中标人，在确定中标人时以此决定取舍；招标人和投标人之间其他串通招标投标的行为。

（5）弄虚作假方式骗取中标所签的施工合同

以他人名义或弄虚作假的方式进行投标，严重影响了招标投标的公正性、客观性，是对其他投标人以及潜在投标人的不公平，其中标无效[4]。

（6）违反实质性谈判规定影响中标所签的施工合同

如果强制招标项目违反该规定并影响中标的，不仅影响到公正性，而且关系到国有资产保值增值以及社会公共利益问题，其中标是无效的[5]。

（7）与推荐的中标候选人以外所签的施工合同

如果招标人在评标委员会推荐的中标候选人以外确定中标人，或者强制性工

---

[1] 《招标投标法》第五十三条规定：
"招标人相互串通投标或者与招标人串通投标的，投标人以向招标人或者评标委员会成员行贿的手段谋取中标的，中标无效。"
[2] 《关于禁止串通招标投标行为的暂行规定》（国家工商行政管理局第82号令）第三条规定。
[3] 《关于禁止串通招标投标行为的暂行规定》（国家工商行政管理局第82号令）第四条规定。
[4] 《招标投标法》第五十四条第一款规定：
"投标人以他人名义投标或者以其他方式弄虚作假，骗取中标的，中标无效，给招标人造成损失的，依法承担赔偿责任；构成犯罪的，依法追究刑事责任。"
[5] 《招标投标法》第五十五条规定：
"依法必须进行招标的项目，招标人违反本法规定，与投标人就投标价格、投标方案等实质性内容进行谈判的，给予警告，对单位直接负责的主管人员和其他直接责任人员依法给予处分。前款所列行为影响中标结果的，中标无效。"

程项目所有的投标被否决后，自行确定中标人的，中标无效①。

综上所述，由于经过招标投标程序签订的施工合同不仅要符合《建筑法》的有关规定，也要符合《招标投标法》中的相关规定，故在招标过程中如违反《招标投标法》中的效力性强制规范，其中标是无效的。根据无效的中标签订的建设工程施工合同亦当然无效。

2.直接发包存在瑕疵而致合同无效

根据《民法典》第一百四十四条、第一百四十六条、第一百五十三条、第一百五十四条之规定，通过直接发包签订的施工合同可能因以下情形而归于无效：签订主体不适格；通谋虚伪表示；违反法律、行政法规的强制性规定或违背公序良俗；恶意串通，损害他人合法权益。

3.承包行为存在瑕疵而致合同无效

法律允许总承包人在发包人同意的前提下，将其承包的工程分包给具有相应资质的分包人，但不允许分包人将其承包的工程再次分包，不允许施工总承包人将其承包的建筑工程主体结构的施工进行分包。

根据分包是否违反法律规定，可将分包行为分为合法分包和违法分包。没有违反法律规定的分包是合法分包，反之则是违法分包。违法分包主要有以下四种情形：总承包单位将建设工程分包给不具有相应资质条件的单位的；建设工程总承包合同中未有约定，又未经建设单位的同意，总承包单位将其承包的部分建设工程交由其他单位完成的；施工总承包单位将工程主体结构的施工发包给其他单位的；分包单位将其承包的建设工程再分包的。根据《施工合同纠纷司法解释（一）》第一条的规定，在以上四种违法分包行为下签订的施工合同是无效合同。

除了以上违法分包外，还存在一种非法转包行为。转包是指工程施工合同的承包人不实际履行合同约定的义务，将其承包的建设工程全部转让给第三人（即转承包人）承建，实际上其自身不对工程的技术、质量、进度等进行任何管理的

---

① 《招标投标法》第五十七条规定：
"招标人在评标委员会依法推荐的中标候选人以外确定中标人的，依法必须进行招标的项目在所有投标被评标委员会否决后自行确定中标人的，中标无效……"

行为。其主要表现形式有两种[①]：承包人将全部工程转包；承包人将全部工程肢解后以分包的名义转包。根据《施工合同纠纷司法解释（一）》第一条的规定，以上两种非法转包情形所签订的施工合同同样是无效的。

分包在一定限度范围内是为法律所认可的，但转包是绝对禁止的。因此，转包不存在合法与否，只要转包必定违法。

合法分包与违法分包及非法转包在责任承担视角下的本质区别在于，总承包人与分包人/转包人承担连带责任的法律属性不同。合法分包情形下，对总承包合同而言，总承包人实际履行总包管理义务，就质量问题对业主负责；对分包合同而言，分包人按照分包合同约定，就质量问题对总承包人负责，分包人与总承包人又就质量问题对业主承担连带责任。因此，各主体之间通过合同连接，在履行合法合同过程中，分包人与总承包人基于合同关系承担违约连带责任[②]。

而在违法分包及非法转包情形下，分包合同及转包合同均为无效合同，合同主体对订立该无效合同存在主观过错，因此，转承包人与分包人应当按照过错原则就无效合同造成的损失承担连带赔偿责任，该种责任的法律属性当为缔约过失责任。

三、建议与提醒

（1）何为效力性强制性规范，何为管理性强制性规范，现有的法律体系并没有给出明确定义。总体原则应当是根据违反强制性规定产生的效果来判断，若强制性规定限制的是行为本身，即只要该行为发生即视为绝对损害国家利益或者社会公共利益的，一般为效力性强制性规范。若强制性规定仅规制当事人的"市场准入"等问题或合同的履行行为，违反该规定并不损害国家利益或者社会公共利益的，则多为管理性强制条款。

---

① 《建设工程质量管理条例》第七十八条第二款：
"本条例所称转包，是指承包单位承包建设工程后，不履行合同约定的责任和义务，将其承包的全部建设工程转给他人或者将其承包的全部建设工程肢解以后以分包的名义分别转给其他单位承包的行为。"

② 黄松有.最高人民法院建设工程施工合同司法解释的理解与适用[M].北京：人民法院出版社，2004：221.

（2）若法律明确规定违反某强制性规定将致合同无效或不成立的，则该规定当属效力性强制性规范。例如，必须招标而未通过招标投标程序所签订的施工承包合同无效，则《招标投标法》中关于必须招标的相应条款就是效力性强制性规范。又如，违法分包或非法转包所签订的施工合同无效，则"分包四要件"的相应条款即为效力性强制性规范。

（3）《施工合同纠纷司法解释（一）》有两处涉及合同效力补正，但应注意的是其补正时点的差异。承包人超越资质等级许可的业务范围签订建设工程施工合同的补正时点是"在建设工程竣工前"取得相应资质等级；发包人未取得建设工程规划许可证等规划审批手续的补正时点是"在起诉前"取得建设工程规划许可证等规划审批手续。

（4）除了违法分包和非法转包这两个概念之外，还应注意辨析"肢解发包"与"肢解分包"这一对概念。虽然两者的行业惯称相似，但法律有所不同。前者的行为主体为建设单位，后者的行为主体为建设工程的承包人；前者违反了应由一个单位施工的主体工程发包给两个以上单位的行为；后则本质上是一种通过所谓的分包得到转包的目的的行为。

（5）一个合法的发包行为，依据其行为主体的不同，可分为建设单位发包与承包人发包。前者应与具备法定资质的承包人以书面形式建立合同关系，且不得将本应由单一承包人完成的建设工程肢解发包；后者应与具备法定资质的分包人以书面形式订立合同，且不得未经建设单位同意，擅自分包，或将其所承揽的全部建设工程转包或肢解分包。其中，施工总承包人不得分包其工程主体结构的施工。此外，分包人不得将其承包的工程再分包。

四、法条链接

《中华人民共和国民法典》

第一百四十四条　无民事行为能力人实施的民事法律行为无效。

第一百四十六条　行为人与相对人以虚假的意思表示实施的民事法律行为无效。

以虚假的意思表示隐藏的民事法律行为的效力，依照有关法律规定处理。

第一百五十三条　违反法律、行政法规的强制性规定的民事法律行为无效。但是，该强制性规定不导致该民事法律行为无效的除外。

违背公序良俗的民事法律行为无效。

第一百五十四条　行为人与相对人恶意串通，损害他人合法权益的民事法律行为无效。

第七百九十一条第二款、第三款　总承包人或者勘察、设计、施工承包人经发包人同意，可以将自己承包的部分工作交由第三人完成。第三人就其完成的工作成果与总承包人或者勘察、设计、施工承包人向发包人承担连带责任。承包人不得将其承包的全部建设工程转包给第三人或者将其承包的全部建设工程支解以后以分包的名义分别转包给第三人。

禁止承包人将工程分包给不具备相应资质条件的单位。禁止分包单位将其承包的工程再分包。建设工程主体结构的施工必须由承包人自行完成。

《中华人民共和国建筑法》

第十三条　从事建筑活动的建筑施工企业、勘察单位、设计单位和工程监理单位按照其拥有的注册资本、专业技术人员、技术装备和已完成的建筑工程业绩等资质条件，划分为不同的资质等级，经资质审查合格，取得相应等级的资质证书后，方可在其资质等级许可的范围内从事建筑活动。

第二十九条　建筑工程总承包单位可以将承包工程中的部分工程发包给具有相应资质条件的分包单位；但是，除总承包合同中约定的分包外，必须经建设单位认可。施工总承包的，建筑工程主体结构的施工必须由总承包单位自行完成。

建筑工程总承包单位按照总承包合同的约定对建设单位负责；分包单位按照分包合同的约定对总承包单位负责。总承包单位和分包单位就分包工程对建设单位承担连带责任。

禁止总承包单位将工程分包给不具备相应资质条件的单位。禁止分包单位将其承包的工程再分包。

《建设工程质量管理条例》

第七十八条第一款　本条例所称肢解发包，是指建设单位将应当由一个承包单位完成的建设工程分解成若干部分发包给不同的承包单位的行为。

本条例所称违法分包，是指下列行为：

（一）总承包单位将建设工程分包给不具备相应资质条件的单位的；

（二）建设工程总承包合同中未有约定，又未经建设单位认可，承包单位将其承包的部分建设工程交由其他单位完成的；

（三）施工总承包单位将建设工程主体结构的施工分包给其他单位的；

（四）分包单位将其承包的建设工程再分包的。

《九民纪要》

30.【强制性规定的识别】合同法施行后，针对一些人民法院动辄以违反法律、行政法规的强制性规定为由认定合同无效，不当扩大无效合同范围的情形，合同法司法解释（二）第14条将《合同法》第52条第5项规定的"强制性规定"明确限于"效力性强制性规定"。此后，《最高人民法院关于当前形势下审理民商事合同纠纷案件若干问题的指导意见》进一步提出了"管理性强制性规定"的概念，指出违反管理性强制性规定的，人民法院应当根据具体情形认定合同效力。随着这一概念的提出，审判实践中又出现了另一种倾向，有的人民法院认为凡是行政管理性质的强制性规定都属于"管理性强制性规定"，不影响合同效力。这种望文生义的认定方法，应予纠正。

人民法院在审理合同纠纷案件时，要依据《民法总则》第153条第1款和合同法司法解释（二）第14条的规定慎重判断"强制性规定"的性质，特别是要在考量强制性规定所保护的法益类型、违法行为的法律后果以及交易安全保护等因素的基础上认定其性质，并在裁判文书中充分说明理由。下列强制性规定，应当认定为"效力性强制性规定"：强制性规定涉及金融安全、市场秩序、国家宏观政策等公序良俗的；交易标的禁止买卖的，如禁止人体器官、毒品、枪支等买卖；违反特许经营规定的，如场外配资合同；交易方式严重违法的，如违反招标投标等竞争性缔约方式订立的合同；交易场所违法的，如在批准的交易场所之外进行期货交易。关于经营范围、交易时间、交易数量等行政管理性质的强制性规定，一般应当认定为"管理性强制性规定"。

31.【违反规章的合同效力】违反规章一般情况下不影响合同效力，但该规章的内容涉及金融安全、市场秩序、国家宏观政策等公序良俗的，应当认定合同无效。人民法院在认定规章是否涉及公序良俗时，要在考察规范对象基础上，兼顾监管强度、交易安全保护以及社会影响等方面进行慎重考量，并在裁判文书中进行充分论证。

要点二：

无效施工合同的处理

一、相关条款

（一）《施工合同纠纷司法解释（一）》第六条

1. 具体条款

建设工程施工合同无效，一方当事人请求对方赔偿损失的，应当就对方过错、损失大小、过错与损失之间的因果关系承担举证责任。

损失大小无法确定，一方当事人请求参照合同约定的质量标准、建设工期、工程价款支付时间等内容确定损失大小的，人民法院可以结合双方过错程度、过错与损失之间的因果关系等因素做出裁判。

2. 主旨诠释

本条款的主旨是关于如何处理因施工合同无效所造成的损失。具体而言，主要包含以下内容：

因合同无效导致的赔偿责任应当属于缔约过失责任，而非违约责任。无效合同中除了独立存在的争议解决条款等，理论上其他条款均无效，对当事人自始不具备法律约束力。故合同主体无法援引合同中的相关条款主张违约责任。

合同无效情况下，有过错的一方应当赔偿另一方因此遭受的损失。双方都有过错的，应当根据过错程度，各自承担相应责任。但是，此等责任模式下的损失赔偿范围仅限于信赖利益而不涉及履行利益或可得利益。信赖利益一般包括当事人为订立及履行合同的实际支出以及因订立该合同而丧失与第三方订立合同的机会损失。缔约过失责任的原则是使得当事人的利益状态恢复到合同未订立前，故其应以实际损失的填平为宗旨。而履行利益或可得利益唯以合同有效为前提，不适用于无效合同。

本条款要求主张赔偿一方需要就以下几个方面承担举证责任：对方过错、损失大小以及过错与损失之间的因果关系。其中，在损失大小无法确定的情况下，本条款赋予了人民法院以自由裁量权。

（二）《施工合同纠纷司法解释（一）》第二十四条

1. 具体条款

当事人就同一建设工程订立的数份建设工程施工合同均无效，但建设工程质量合格，一方当事人请求参照实际履行的合同关于工程价款的约定折价补偿承包人的，人民法院应予支持。

实际履行的合同难以确定，当事人请求参照最后签订的合同关于工程价款的约定折价补偿承包人的，人民法院应予以支持。

2. 主旨诠释

本条款是关于存在数份无效施工合同的情形下，当事人如何办理结算的规定。该条款主要包含以下两个内容：

原2005版《施工合同纠纷司法解释》[①] 第二条规定，建设工程施工合同无效但经竣工验收合格的，可以参照合同约定结算。然而，该条款的适用前提是只存在一份无效施工合同。但实践中，当事人可能订立了数份无效施工合同。存在数份无效施工合同且工程质量合格的前提下，根据双方的真实合意进行结算是较为公平、合理的。

实际履行的合同并非一定能够确定，在难以确定实际履行情况时，选择以最后一份无效合同进行结算也是一种不得已的选择。一是，这种标准更具有明确性、可操作性，避免当事人就此产生争议；二是，签订在后的合同从某种程度上而言往往最接近于当事人的真实意思。

---

① 此处指2005年1月1日起施行的《最高人民法院关于审理建设工程施工合同纠纷案件适用法律问题的解释》。

二、条款解读

（一）施工合同无效处理原则

无效合同是自始无效的，但因无效合同产生的后果和损失还需由相应的责任人承担。因此，对无效合同的处理和评价具体主要包括以下四个方面：

1. 不发生当事人所预期的法律后果，即不发生合同履行的效力

无效合同自始不发生法律上的约束力，所以不会也不应当发生当事人所预期的法律后果，即不发生合同履行的效力。如果无效原因存在于合同目的或核心内容的，则合同整体无效；如果无效的原因仅发生于合同部分条款时，则合同部分无效，其余部分仍然有效。例如，通过招标投标程序所签订的施工合同违反《招标投标法》第四十六条，即实质性内容部分无效，其他非实质性内容部分仍有效。

而无论是全部无效，还是部分无效，为了解决无效合同造成的损失分担，其有关争议解决方式的条款仍有效。

2. 发生因合同无效所产生的法律后果，即发生返还财产的效力

无效合同自始不为法律所认可，故而合同被认定为无效时，当事人基于无效合同取得所有权的法律依据不复存在，则该所有权重新复归给付人享有是理所当然的。具体的表现形式是返还财产，返还财产实际上是所有物的返还，所有权的复归具有物权的效力。因此，返还范围应为受领给付时的价值额，并具有优先于普通债权的效力。

如果应当返还的财产原物不存在，或客观上不能返还，或基于实际情况没有必要返还时，则应当折价补偿。这种情况下，折价补偿的法理基础就变为不当得利的返还，而此时返还财产则具有债权的效力。所以，返还范围以现存利益为限，除非受领人为恶意，并无物权的优先效力。

《建筑法》的宗旨之一是保证工程质量和安全，故只要建设工程质量合格，承发包双方的合同目的就已经实现。此时，若将建设工程"返还原状"将得不偿失，只能选择折价补偿。为此，《施工合同纠纷司法解释（一）》规定，当事人请求参照实际履行的合同关于工程价款的约定折价补偿承包人的，人民法院应予支持。

3.发生缔约过失责任的法律效力，即发生赔偿损害的效力

无效合同在缔约过程中，存在缔约一方或缔约双方违反了先合同义务的情形。因此，造成的损失应当由责任人承担。如一方有过错，则应当赔偿对方因此所受到的损失。双方都有过错的，应当各自承担相应的责任。

《施工合同纠纷司法解释（一）》第六条基本上按照损益相抵规则规定。施工合同无效的原因有很多，可能完全因发包人原因造成，也可能完全因承包人原因造成，更多时候双方均有过错。因此，若因双方原因造成合同无效的，双方应各自承担相应责任，并就赔偿主张进行举证。若能证明对方过错，但不能证明损失大小，则由法院综合各项因素做出裁判。

缔约过失责任的赔偿范围为信赖利益的损失。所谓信赖利益是指缔约人信赖合同有效成立，但因法定事由发生，致使合同不成立、无效、不被追认或被撤销等而造成的损失。信赖利益的损失同样包括直接损失和间接损失。直接损失主要有：①缔约费用。例如：为订立合同发生的通信费用、邮寄费用、交通费用等。②履行费用。例如：运送标的物所支付的合理运费等。③支出上述费用所发生的利息。而间接损失主要是指丧失与第三人另行订立有效合同机会所产生的损失。

（二）施工合同无效对工程造价的影响

施工合同无效对造价的影响需要根据履行程度、工程质量是否合格等来具体分析，大体可以分为以下几种情况：

1.工程项目尚未正式开工

施工合同已经签订，在尚未正式开工前发现合同无效的，可以采取恢复原状的原则处理。由于承包人尚未将劳动及建筑材料的物化到建筑产品中，发包人支付工程价款的前提条件尚未成就，故一般不存在工程造价结算的问题。但是，对因建设工程施工合同无效所造成的损失，还是应当遵循过错责任原则承担。在实务中，具体的处理主要包括以下几个方面：

第一，立即停止施工总承包合同履行，以避免损失的扩大。如果无效的施工合同中约定了工程预付款，发包人应停止支付，承包人应停止签订建筑材料的买卖合同、机械台班的租赁合同、专业分包及劳务分包等合同。

第二，承发包双方各自返还对方的财产，以显示恢复原状。如果发包人已收取承包人施工质量保证金的，则退还给承包人。如果无效施工合同中约定了工程预付款，且发包人已实际支付的，承包人应退还发包人。

第三，承发包双方各自承担相应责任，以表明责任自负。如果施工合同的无效完全是由于承包人的过错造成的（例如总承包人在招标投标过程中，以虚假资质欺骗评标委员会而中标），一般情况下，发包人可以要求承包人承担招标投标所支付的费用、由于重新招标使预定工期延误的利润损失、对"甲供料"供应商的违约赔偿费用以及发包人直接发包的施工合同的违约金等。

如果施工合同的无效完全是由于发包人的过错造成的（例如，强制性招标的建设工程项目，发包人没有经过公开招标程序直接签订施工合同的），一般情况下，承包人可以要求发包人承担因承包人签订施工合同所发生的合理费用，已搭建的临时设施所发生的费用，支付给建筑材料供应商、机械台班出租人、劳务公司的违约金，以及支付给分包人的违约金等。

如果是由发包人和承包人共同过错造成施工合同无效的（例如，投标人与招标人相互串通中标），则发包人与承包人各自承担自己的损失。

第四，发生行政处罚的法律效力，以体现法律尊严。如果施工合同是由于承发包双方当事人恶意串通，损害他人合法权益而无效的，则行政主管单位可以对当事人一方或双方进行追缴违法所得、罚款等行政处罚。

2. 工程项目已经实际开工

施工合同的履行是承包方将劳动及建筑材料等物化到建筑产品中，并由发包方按约定支付工程款的过程。因此，如果建设工程项目已经开工，虽然施工合同无效，但已无法采用恢复原状的方式来处理，此时只能折价补偿。又因为工程质量是建筑工程的生命，故已完工程质量验收合格是折价补偿的前提。对因施工总承包合同无效所造成的损失，还应当遵循过错责任原则来承担。在实务中，主要存在以下几种情形：

（1）已完建设工程验收合格

如果已完建设工程验收合格的，其折价补偿的计算标准参照该无效合同中约定的支付工程款的标准来计算，折价补偿的形式则以支付工程款的形式来进行。参照无效施工合同中关于计价标准进行折价补偿是常态的一种补偿方法。但是，如果已完工程出现较大范围的设计变更，也可根据具体情况进行司法审价。由于"质量优先"原则，在结算质量合格的建设工程价款时，无效的施工合同与有效的施工合同已无太大的区别。

（2）已完建设工程经修复后验收合格

如果已完工程质量不合格，承包人通过返修或整改达到合格的，在返修或整改费用由承包人承担的前提下，再参照无效合同中约定的工程价款计价标准来计算。若承包人拒绝进行返修或整改的，发包人有权对该部分的工程价款不予支付，但是，对其他部分的工程价款还是应当参照无效合同中约定的工程价款计价标准来计算并予以支付。

建设工程质量不合格的，承包人应当承担返修义务，返修费用由承包人自行承担。如果承包人拒绝承担返修义务或者双方基于丧失合作基础的情况，可以由第三人进行修复工作，发包人可以要求承包人承担修复费用。

（3）已完建设工程经修复后仍然不合格

如果已完工的建设工程质量不合格，经承包人或第三人修复后仍不合格，且专业机构经鉴定认为从技术层面而言，该缺陷是无法修复的，或者虽可修复，但从经济层面而言，其花费大于重新建造的造价，即技术上可行，经济上不合理的，这种情况应遵循"工程质量优先"原则，对丧失了使用价值的建设工程，只能拆除重新建设。此外，承包人的主要义务是保质按时完成建设工程。其中，保质更是承包人要求发包人支付工程价款的前提条件，如果事实证明工程质量的缺陷是无法修复的，则承包人不仅丧失了要求发包人支付工程价款的前提，还需要对不合格在建工程的拆除"埋单"。

如果完全因承包人的过错造成施工合同无效的，则发包人可以向承包人提出要求赔偿所造成工期延误、招标费用等损失。另外，如果施工合同是由于实际施工人借用有资质的建筑施工企业名义与发包人签订而无效的，实际施工人从发包人处取得的工程价款中的利润部分可能被人民法院收缴。如果完全因发包人的过错造成施工合同无效的，承包人可以向发包人主张赔偿实际发生的相关损失。如果是由发包人和承包人共同过错造成施工合同无效的，则发包人与承包人各自承担损失责任。如果施工合同是由于承发包双方恶意串通，损害他人合法权益导致无效的，还可能因此承担相应的行政责任。

以上主要归纳了发包人与承包人所签订的施工合同无效后对工程造价的影响的情形。从中可以看出，只要工程质量合格，发包人就应当支付工程价款，无关乎施工合同效力。唯有效施工合同完全遵循合同约定进行结算，无效施工合同则是参照合同约定进行结算。此外，需要指出的是发包人在提出请求承包人承担修复费用的主张后，并不影响发包人向承包人主张赔偿因合同无效所遭受的损失。

三、建议与提醒

（1）合同无效的责任承担体现了过错责任原则，即根据承发包双方的过错程度判断其应承担的损失赔偿责任，而损失的大小往往又不易于明确。因此，承发包双方在订立合同及后续履约过程中都应注意搜集损失发生的原因、依据等支撑性证据材料。

（2）合同无效所导致的损失赔偿范围应为实际发生的损失，而不包括恶意损失及因当事人怠于止损而导致的扩大损失。

（3）避免签订多份实质性内容不一致的施工合同。实质性内容确有变更的，应注意及时通过补充协议或各方签认的备忘录、会议纪要、联系单等形式，锁定双方合意内容。

（4）承包人应当严格按图施工，并注意及时完成阶段性验收，保留验收凭证，工程竣工后应及时编制并提交竣工验收报告。发包人迟延验收或拒绝验收的，承包人应注意留存相关书面凭证。

（5）"参照约定折价补偿"，仍与无效合同理论存在一定矛盾。同时，实践中对于"参照约定""折价补偿"，明显存在操作难度。施工承包合同无效，但质量合格，应首选的处理方式是"相互返还"。在不易或不能返还情况下，才考虑折价补偿。因此，笔者认为：应当返还承包人实际花费，同时，收缴当事人已经取得的非法所得，起到公平合意和尊重法律的目的。

四、法条链接

《中华人民共和国民法典》

第一百二十二条　因他人没有法律根据，取得不当利益，受损失的人有权请求其返还不当利益。

第一百四十六条　行为人与相对人以虚假的意思表示实施的民事法律行为无效。

以虚假的意思表示隐藏的民事法律行为的效力，依照有关法律规定处理。

第一百五十三条　违反法律、行政法规的强制性规定的民事法律行为无效。但是，该强制性规定不导致该民事法律行为无效的除外。

违背公序良俗的民事法律行为无效。

第一百五十四条　行为人与相对人恶意串通，损害他人合法权益的民事法律行为无效。

第一百五十七条　民事法律行为无效、被撤销或者确定不发生效力后，行为人因该行为取得的财产，应当予以返还；不能返还或者没有必要返还的，应当折价补偿。有过错的一方应当赔偿对方由此所受到的损失；各方都有过错的，应当各自承担相应的责任。法律另有规定的，依照其规定。

第五百条　当事人在订立合同过程中有下列情形之一，造成对方损失的，应当承担赔偿责任：

（一）假借订立合同，恶意进行磋商；

（二）故意隐瞒与订立合同有关的重要事实或者提供虚假情况；

（三）有其他违背诚信原则的行为。

第五百九十一条　当事人一方违约后，对方应当采取适当措施防止损失的扩大；没有采取适当措施致使损失扩大的，不得就扩大的损失请求赔偿。

当事人因防止损失扩大而支出的合理费用，由违约方负担。

第七百九十九条　建设工程竣工后，发包人应当根据施工图纸及说明书、国家颁发的施工验收规范和质量检验标准及时进行验收。验收合格的，发包人应当按照约定支付价款，并接收该建设工程。

建设工程竣工经验收合格后，方可交付使用；未经验收或者验收不合格的，不得交付使用。

要点三：

招标投标的实质性内容

一、相关条款

（一）《施工合同纠纷司法解释（一）》第二条

1. 具体条款

招标人和中标人另行签订的建设工程施工合同约定的工程范围、建设工期、工程质量、工程价款等实质性内容，与中标合同不一致，一方当事人请求按照中标合同确定权利义务的，人民法院应予支持。

招标人和中标人在中标合同之外就明显高于市场价格购买承建房产、无偿建设住房配套设施、让利、向建设单位捐赠财物等另行签订合同，变相降低工程价款，一方当事人以该合同背离中标合同实质性内容为由请求确认无效的，人民法院应予支持。

2. 主旨诠释

本条第一款主要是对《招标投标法》第四十六条及《施工合同纠纷司法解释》第二十一条中提到的"合同实质性内容"的外延进行界定，并且规定了应依照哪份合同确定当事人的权利义务。本条第二款列举了几种变相降低工程价款的情形，并否定了此类行为的效力。具体而言，在理解本条款时应主要关注如下几方面内容：

首先，合同实质性内容通常指影响合同当事人主要权利和义务的内容。而建设工程施工合同，影响当事人利益的主要内容则是工程范围、工程期限、工程质量及工程价款等,这几方面的内容就构成了建设工程施工合同的实质性内容。

其次,当事人在合同履行过程中由于正常的规划调整、设计变更等客观因素导致的工程范围、工期、质量及相应价款的调整,不应视为是本条所规制的对合同实质性内容进行变更的行为。

最后,需要明确的是本条款的适用应以中标合同有效为前提。已于2021年01月01日废止的《最高人民法院关于审理建设工程施工合同纠纷案件适用法律问题的解释》(法释〔2004〕14号)第二十一条规定,当事人就同一建设工程另行订立的建设工程施工合同与经过备案的中标合同实质性内容不一致的,应当以备案的中标合同作为结算工程价款的根据。笔者曾多次就该条款的合理性提出意见:一是,鉴于行政机关进行合同备案时原则上仅做形式性审查,故备案的中标合同未必是有效合同;二是,根据国家就工程建设项目审批制度改革的相关精神,施工合同备案制度将逐渐取消。故而,本次在《施工合同纠纷司法解释(一)》中则未使用"备案的中标合同"的表述,而替之以"中标合同"的表述。由此传递的信息就是,备案与否不影响中标合同的效力,如中标合同无效,也不能作为确定当事人权利义务的依据。

(二)《施工合同纠纷司法解释(一)》第二十二条

1. 具体条款

当事人签订的建设工程施工合同与招标文件、投标文件、中标通知书载明的工程范围、建设工期、工程质量、工程价款不一致,一方当事人请求将招标文件、投标文件、中标通知书作为结算工程价款依据的,人民法院应予支持。

2. 主旨诠释

本条款的规定主要包含以下两方面内容:

第一,通常认为,合同的实质性内容是指影响当事人主要权利义务的内容。在建设工程施工合同中,发包人的主要义务是按时足额支付价款,而承包人的主要义务是按时保质地完成建设工程。因此,施工合同中的实质性内容应当指承包范围内的承包内容以及所对应的工程质量、工程价款和工程期限。除此以外的其他合同条款均属当事人意思自治的范畴,应依当事人的意思确定。

第二,根据《招标投标法》第五十九条及《招标投标法实施条例》第七十五条之规定，招标人与中标人未按照招标文件及中标人的投标文件中的实质性内容订立合同的，或订立背离合同实质性内容的协议的，由行政监督部门责令改正，并可能予以罚款。而判断当事人是否按招标合意签署实质性内容则需要结合招标文件、投标文件、中标通知书等文件综合考量。

二、条款解读

（一）招标行为的法律性质是要约邀请

根据《合同法》第十三条规定，合同订立的方式由要约与承诺构成。对于方式的法律含义，该法第十四条以及二十一条分别定义：前者为"要约人希望和他人订立合同的意思表示"；后者为"受要约人同意要约的意思表示"。据此，原则上，合同的订立经由"要约"与"承诺"完成。

此外，针对"要约"，《民法典》第四百七十二条规定其内容应具体确定，且表明受承诺约束。因此，合同的订立过程，其本质就是要约人与受要约人就双方具体的意思表示内容形成明确合意的过程。该过程中，缔约主体可以通过直接磋商，也可以通过程序磋商（例如，招标投标程序、拍卖程序）的方式，完成要约与承诺行为。

鉴于我国《立法法》第八十三条规定，同一机关制定的法律、行政法规、地方性法规、自治条例和单行条例、规章，特别规定与一般规定不一致的，适用特别规定，由此确立了"特别法优先"的法律适用原则。故以招标投标形式订立合同除适用《民法典》的规定外，还应当优先遵守《招标投标法》的程序规定。

若通过招标发包，首要的行为是"招标行为"，故而对招标行为的法律性质进行界定至关重要。定义招标行为性质，主要应当依据《招标投标法》，在《招标投标法》没有相应规定的情况下，遵循《民法典》的相关规定。而《招标投标法》第十九条只规定了招标文件的要求，却未明确其法律性质。《民法典》则明确了招标行为属于要约邀请。

何谓要约邀请？《民法典》第四百七十三条对要约邀请的概念已有定义，即希望他人向自己发出要约的意思表示。发布招标公告作为要约邀请行为的方式之一，即表示招标人作出"希望他人向自己发出要约"的意思表示。故而，招标人的招标邀请行为的性质为要约邀请。基于此,无论采取招标公告形式公开招标,还是以招标邀请书形式邀请招标的,招标人向不特定的对象作出招标邀请的行为,其本质上均属于向潜在投标人发出的要约邀请。

根据《民法典》对于要约邀请的定义,其不需要具备具体内容,但作为特别法的《招标投标法》对招标行为提出了明确要求,不仅要求招标文件中应包括招标项目的技术要求、对投标人资格审查的标准、投标报价要求和评标标准等所有实质性要求和条件,而且要求还应包括拟签订合同的主要条款,比要约的构成要件更具体,因此,招标行为常被误解为要约。

《招标投标法》第十六条以及第十七条的第二款内容均规定,发出招标邀请的,应当告知邀请对象获取招标文件的办法。结合该法第十九条第一款中关于招标文件应当包括所有实质性要求和条件以及拟签订合同的主要条款的规定,招标投标活动中的要约邀请除应当按照《民法典》定义,作出希望他人向自己发出要约的意思表示,还应当根据《招标投标法》规定,以招标文件的形式体现实质性要求条件和拟签订合同内容。在法律对要约邀请作出规定的同时,也对其相应对的要约作出限制。

鉴于特别法优于一般法的原则,《民法典》未涉及的关于要约作出的时间限定,要约的补充、修改,及其撤回的通知方式,《招标投标法》与《招标投标法实施条例》均作出特别规定。当然,对于《招标投标法》与《招标投标法实施条例》未做特别涉及的关于要约撤回、撤销与失效的内容,实践中仍应适用《民法典》的相关规定。

(二)投标行为和中标行为的法律性质

1.投标行为的法律性质是要约

由于在《民法典》中,要约邀请是希望他人向自己发出要约的意思表示,而要约是希望和他人订立合同的意思表示。故而,对于要约邀请而言,要约实质是对其予以响应的行为。结合《招标投标法》第二十七条第一款关于投标文件应当对招标文件作出的实质性响应的规定,投标文件的提出是对作为要约邀请的招标文件的响应。据此,提交投标文件的行为,其本质属于《民法典》所规定的要约。另外需要特别注意的是,根据《招标投标法》的规定,提交投标文件的要约与《民法典》所规定的要约,主要有以下两点不同:

（1）就意思内容而言，由于《招标投标法》规定招标文件应当包括实质性要求条件和拟签订合同内容，且该法除对施工项目的投标文件规定少许特定内容外，对其他招标文件的内容仅要求作实质性响应。所以，提交投标文件的要约不适用《民法典》关于要约内容应当具体的规定。因此，遵循"特别法优先"原则，《招标投标法》将《民法典》中原来由要约人负责具体内容的大部分责任，转嫁为主要由发出要约邀请的主体承担。

（2）就生效时间而言，结合《民法典》第一百三十七条关于"意思表示到达即生效"的规定，以及第一百四十一条关于"撤回意思表示的通知应在意思表示到达相对人前或者与意思表示同时到达相对人"的规定，可知要约人撤回要约的通知应当在其生效以前或同时到达。同时，对于投标文件的撤回时间，《招标投标法》第二十九条规定应当在提交投标文件的截止时间前。据此，招标人在招标文件中所要求提交投标文件的截止时间为投标文件的生效时间，而非投标人将投标文件送达投标地点的时间。

综上所述，在招标投标活动中，投标人提交投标文件的行为属于具有特殊内容标准与生效时间的要约行为。

2.发出中标通知书的行为是承诺

《民法典》定义承诺为同意要约的意思表示，且规定承诺内容应当与要约内容一致。因此，根据该法第四百八十条关于承诺原则上以通知方式作出的规定，受要约人通知表示同意要约内容的行为，即为其承诺的作出。同时，根据《招标投标法》第四十五条第一款、第四十六条第一款的规定，招标人向中标人发出中标通知书后，应当在法定期限内签订与招标投标文件内容相一致的合同。故招标人发出中标通知书，即代表其对于作为要约的投标文件所响应的实质性内容表示同意。据此，发出中标通知书的行为性质属于《民法典》中承诺的作出。

除此之外，《招标投标法》将《民法典》中关于承诺的生效时点，从承诺的到达提前至中标通知书的发出，即中标通知书发出即生效。因此，中标通知书的"承诺"不适用《民法典》关于承诺撤回的有关规定。因此，在招标投标活动中，招标人发出中标通知书的行为属于生效时间特殊的不可撤回的承诺行为。

3.实质内容签订必须按招标合意

《民法典》第四百八十三条规定，承诺生效时合同成立。但是，根据该法第四百九十条的规定，法律规定或当事人约定采取书面形式订立的合同原则自双方签章时成立，除非此前一方已经履行主要义务，且对方接受。故关于合同的成立时间，法律规定以承诺的生效为原则，以书面形式下的合同签章为例外。

《招标投标法实施条例》第五十七条第一款规定，经招标投标程序订立的合同应当采用书面形式。因此，该类合同关系的建立以招标人与中标人完成签订书面合同为合同的成立，而并非依原则上所规定的承诺生效（即中标通知书的发出）而成立。此外，需要注意的是，根据《招标投标法实施条例》第五十七条第一款规定，招标人和中标人应当依照《招标投标法》规定，以招标文件与投标文件为依据，签订"标的、价款、质量、期限等主要条款"与其内容一致的合同，且不得再行订立背离合同实质性内容的其他协议。综上所述，招标投标活动中的招标人和中标人根据《招标投标法》签订书面合同的行为，属于签订依据与条款内容特定的合同成立。

从招标投标法的角度而言，招标文件必须包括实质性内容；投标文件必须对实质性内容积极响应；评标必须主要以实质性内容的响应程度为标准；最终签订合同的实质性内容也必须按招标投标形成的合意进行约定。而建设工程施工合同的实质性内容是指在承包范围内的承包内容及其所指向的工程质量、工程期限和工程价款。若通过招标发包，建设工程施工合同中的承包范围、建设工期、工程质量和工程价款的内容均按招标合意签署的，该合同就是"阳合同"。

三、建议与提醒

（1）招标行为的定义很重要。向潜在的投标人或投标人明确评标方式的行为就是招标行为，与是否经招标办备案无关。若进行招标投标活动，无论是必须招标的项目，还是非必须招标的项目，均应遵守《招标投标法》。

（2）招标的范围应是必发生且可计价的。若不能计价则不具备发包条件，更不具备招标发包条件。因此，在招标清单中不应当出现"暂估价"这一概念。

（3）《建筑法》所称"建筑工程发包与承包的招标投标活动"，既包括业主发包的招标投标活动，也包括总包分包的招标投标活动。立法者通过《建筑法》第三十三条的禁止性规定，以及第七十八条设定的法律责任，赋予并保障了招标发包人自主"择优选择"的基本权利。故广义的招标发包是发包人基于强制招标制度或自主招标选择,作为招标人根据其发包内容提出招标项目,遵循公开、公正、平等竞争的原则,在择优选择的权利保障下,通过招标投标程序选定承包人进行工程发包的行为。

(4)中标通知书的生效时间与《民法典》所规定的承诺生效时间不一致。《招标投标法》第四十五条第二款以"招标人改变中标结果"设定违法责任的方式表明中标通知书一经发出不得撤回。

(5)《民法典》明确规定承诺生效后要约人即受法律约束。而《招标投标法》第四十五条第二款通过对"中标人放弃中标项目"行为设定违法责任的方式表明中标通知书一经发出,中标人即受法律约束。

四、法条链接

《中华人民共和国民法典》

第一百三十七条 以对话方式作出的意思表示,相对人知道其内容时生效。

以非对话方式作出的意思表示,到达相对人时生效。以非对话方式作出的采用数据电文形式的意思表示,相对人指定特定系统接收数据电文的,该数据电文进入该特定系统时生效;未指定特定系统的,相对人知道或者应当知道该数据电文进入其系统时生效。当事人对采用数据电文形式的意思表示的生效时间另有约定的,按照其约定。

第一百四十一条 行为人可以撤回意思表示。撤回意思表示的通知应当在意思表示到达相对人前或者与意思表示同时到达相对人。

第四百七十二条 要约是希望与他人订立合同的意思表示,该意思表示应当符合下列条件:

(一)内容具体确定;

(二)表明经受要约人承诺,要约人即受该意思表示约束。

第四百七十三条 要约邀请是希望他人向自己发出要约的表示。拍卖公告、招标公告、招股说明书、债券募集办法、基金招募说明书、商业广告和宣传、寄送的价目表等为要约邀请。

第四百七十五条 要约可以撤回。要约的撤回适用本法第一百四十一条的规定。

第四百七十六条 要约可以撤销，但是有下列情形之一的除外：

（一）要约人以确定承诺期限或者其他形式明示要约不可撤销；

（二）受要约人有理由认为要约是不可撤销的，并已经为履行合同做了合理准备工作。

第四百七十八条 有下列情形之一的，要约失效：

（一）要约被拒绝；

（二）要约被依法撤销；

（三）承诺期限届满，受要约人未作出承诺；

（四）受要约人对要约的内容作出实质性变更。

第四百七十九条 承诺是受要约人同意要约的意思表示。

第四百八十条 承诺应当以通知的方式作出；但是，根据交易习惯或者要约表明可以通过行为作出承诺的除外。

第四百八十三条 承诺生效时合同成立，但是法律另有规定或者当事人另有约定的除外。

第四百八十五条 承诺可以撤回。承诺的撤回适用本法第一百四十一条的规定。

第四百九十条 当事人采用合同书形式订立合同的，自当事人均签名、盖章或者按指印时合同成立。在签名、盖章或者按指印之前，当事人一方已经履行主要义务，对方接受时，该合同成立。

法律、行政法规规定或者当事人约定合同应当采用书面形式订立，当事人未采用书面形式但是一方已经履行主要义务，对方接受时，该合同成立。

第五百条 当事人在订立合同过程中有下列情形之一，造成对方损失的，应当承担赔偿责任：

（一）假借订立合同，恶意进行磋商；

（二）故意隐瞒与订立合同有关的重要事实或者提供虚假情况；

（三）有其他违背诚信原则的行为。

《中华人民共和国招标投标法》

第十六条第二款 招标公告应当载明招标人的名称和地址、招标项目的性质、数量、实施地点和时间以及获取招标文件的办法等事项。

第十七条第二款　投标邀请书应当载明本法第十六条第二款规定的事项。

第十九条第一款　招标人应当根据招标项目的特点和需要编制招标文件。招标文件应当包括招标项目的技术要求、对投标人资格审查的标准、投标报价要求和评标标准等所有实质性要求和条件以及拟签订合同的主要条款。

第二十七条　投标人应当按照招标文件的要求编制投标文件。投标文件应当对招标文件提出的实质性要求和条件作出响应。

招标项目属于建设施工的，投标文件的内容应当包括拟派出的项目负责人与主要技术人员的简历、业绩和拟用于完成招标项目的机械设备等。

第二十八条　投标人应当在招标文件要求提交投标文件的截止时间前，将投标文件送达投标地点。……在招标文件要求提交投标文件的截止时间后送达的投标文件，招标人应当拒收。

第二十九条　投标人在招标文件要求提交投标文件的截止时间前，可以补充、修改或者撤回已提交的投标文件，并书面通知招标人。

第四十一条　中标人的投标应当符合下列条件之一：

（一）能够最大限度地满足招标文件中规定的各项综合评价标准；

（二）能够满足招标文件的实质性要求，并且经评审的投标价格最低；但是投标价格低于成本的除外。

第四十五条第一款　中标人确定后，招标人应当向中标人发出中标通知书，并同时将中标结果通知所有未中标的投标人。中标通知书对招标人和中标人具有法律效力。中标通知书发出后，招标人改变中标结果的，或者中标人放弃中标项目的，应当依法承担法律责任。

第四十六条第一款　招标人和中标人应当自中标通知书发出之日起三十日内，按照招标文件和中标人的投标文件订立书面合同。招标人和中标人不得再行订立背离合同实质性内容的其他协议。

《中华人民共和国立法法》

第八十三条　同一机关制定的法律、行政法规、地方性法规、自治条例和单行条例、规章，特别规定与一般规定不一致的，适用特别规定……

《中华人民共和国建筑法》

第十六条第一款　建筑工程发包与承包的招标投标活动，应当遵循公开、公正、平等竞争的原则，择优选择承包单位。

《建设工程施工合同（示范文本）》（GF-2017-0201）

通用条款1.1.5.4　暂估价：是指发包人在工程量清单或预算书中提供的用于支付必然发生但暂时不能确定价格的材料、工程设备的单价、专业工程以及服务工作的金额。

要点四：

招标发包的阴阳合同

一、相关条款

（一）《施工合同纠纷司法解释（一）》第二十二条

1. 具体条款

当事人签订的建设工程施工合同与招标文件、投标文件、中标通知书载明的工程范围、建设工期、工程质量、工程价款不一致，一方当事人请求将招标文件、投标文件、中标通知书作为结算工程价款依据的，人民法院应予支持。

2. 主旨诠释

本条款的规定主要包含以下两方面内容：

第一，通常认为，合同的实质性内容是指影响当事人主要权利义务的内容。在建设工程施工合同中，发包人的主要义务是按时足额支付价款，而承包人的主要义务是按时保质地完成建设工程。因此，施工合同中的实质性内容应当指承包范围内的承包内容以及所对应的工程质量、工程价款和工程期限。除此以外的其他合同条款均属当事人意思自治的范畴，应依当事人的意思确定。

第二，根据《招标投标法》第五十九条及《招标投标法实施条例》第七十五条之规定，招标人与中标人未按照招标文件及中标人的投标文件中的实质性内容订立合同的，或订立背离合同实质性内容的协议的，由行政监督部门责令改正，并可能予以罚款。而判断当事人是否按招标合意签署实质性内容则需要结合招标文件、投标文件、中标通知书等文件综合考量。

(二)《施工合同纠纷司法解释(一)》第二十三条

1. 具体条款

发包人将依法不属于必须招标的建设工程进行招标后,与承包人另行订立的建设工程施工合同背离中标合同的实质性内容,当事人请求以中标合同作为结算建设工程价款依据的,人民法院应予支持,但发包人与承包人因客观情况发生了在招标投标时难以预见的变化而另行订立建设工程施工合同的除外。

2. 主旨诠释

本条款是关于非必须招标项目选择招标发包后,合同内容进行了实质性变更应如何结算的规定,主要包含以下两方面的内容:

(1) 建设工程项目可分为必须招标的项目和非必须招标的项目。对前者而言,未经招标程序签订的建设工程施工合同无效,且招标发包签订的建设工程施工合同首先要遵守《招标投标法》;对后者而言,未经招标直接签订的建设工程施工合同有效,但若选择招标发包,仍必须遵守《招标投标法》。

(2) 在合同履行过程中,因客观情况发生招标投标时难以预见的变化的,承、发包人双方原则上可另行订立建设工程施工合同。

二、条款解读

(一) 通常意义上"阴阳合同"的理解

"公权力法无授权不可为,私权利法无禁止即自由"。而私权利法无禁止即自由并非指法律绝对不干涉私权利的行使,而是法律原则上不干涉私权利的行使,但若行使私权利有损他人合法权益或公序良俗的,法律仍会予以干涉,即否定其效力。

通常意义上,"阴阳合同"是同一当事人针对同一标的签订两份合同。其中一份对外,不反映当事人的真实意思,系为了规避管理、逃避责任等不法目的所签订;一份对内,体现了当事人的真实意思。一般而言,"阴阳合同"中的"阳合同"因不体现当事人的真实意思而不发生效力，而"阴合同"是当事人的真实意思表示而认定为有效合同。但我们不能武断地认为"阳合同"一定违法，"阴合同"一定合法。其法律效力还要结合内容及法律规定综合判断。

（二）招标发包的"阴阳合同"的理解

理解建设工程招标发包的"阴阳合同"的产生，首先需了解建设工程招标行为。作为承、发包双方之间关于建设工程施工合同订立的民事法律行为，依据《民法典》的内部条款适用规则，其实施行为与后果应当首先遵循《民法典》第三编第十八章建设工程合同的相关规定。在此基础上，鉴于建设工程合同属于特殊承揽合同的性质，对于《民法典》第三编第十八章未做规定的内容，应当适用该法第三编第十七章的规定，然后才适用该法第三编第一分编通则之规定。

同时，鉴于"特别法优先"的原则，相对于《民法典》而言，建设工程发包应当首先适用《建筑法》等特别法律的规定。而《建筑法》第十六条规定，建筑工程的招标投标，本法没有规定的，适用有关招标投标法律。故建设工程的招标发包，应当适用《招标投标法》。

综上所述，建设工程的发包应首先遵循《建筑法》《招标投标法》等法律的相关规定。在此前提下，适用《民法典》的相关规定。

其次，根据发包方式的不同，建设工程发包可分为招标发包和直接发包。而根据项目是否必须通过招标投标程序发包，又可分为必须招标项目和非必须招标项目。但无论是必须招标项目经过招标发包，还是当事人自愿选择招标发包的，均应当遵循《招标投标法》，这一点在《施工合同纠纷司法解释（一）》第二十三条中予以了明确。总而言之，经过招标程序签订的建设工程施工合同在招标投标阶段主要受《招标投标法》调整，在签订和履行阶段主要受《民法典》调整。

相对于《民法典》而言，《招标投标法》的强制性条款较多，需通过此类强制性条款保证其最本质的宗旨——公平。公平不仅针对招标人和中标人，也针对未中标人和其他潜在投标人，这一点与《民法典》所追求的公平是有所区别的。

实践中，可能由于当事人为了规避法律，也可能由于发包的前提条件发生变化，建设工程招标后往往会出现两份合同：其一是招标人与中标人根据中标合意签订并备案的"阳合同"，其二则是承发包双方另行签订的背离中标实质性内容的"阴合同"。而建设工程招标发包中提及的"阴阳合同"主要违反的是《招标投标法》的效力性强制性条款，多为《招标投标法》第四十六条的相关规定。该条明确规定，签订合同的实质性内容必须以招标投标过程的合意为准，否则不被法律所认可，还会承担相应行政责任。

（三）对实质性内容改变的方法及法律后果分析

1.投标文件对有关工程价款的内容改变

招标行为属于要约邀请，招标文件则是要约邀请内容的具体化。但是，法律对招标文件这一要约邀请的行为作出了特别的规定，即招标文件中应具有所有实质性要求的内容。例如，招标文件应当包括招标项目的技术要求、投标人资格审查的标准、投标报价要求和评标标准等所有实质性要求和条件以及拟签订合同的主要条款。

而投标行为则属于要约，投标文件则是要约内容的具体化。但是，法律对投标文件这一要约行为又有一些特别的规定，即要求投标文件应当对招标文件中的实质性要求作出响应。而所谓对实质性要求作出响应是指投标文件应该与招标文件中的实质性要求相符，无显著差异或保留。如果投标文件在实质性内容上不响应或不符合招标文件要求的，该投标应做废标处理。

2.签署改变招标投标文件中工程价款内容的条款

中标行为是承诺，中标通知书则是承诺的具体化。但是，法律对中标这一承诺的行为亦作出了特别规定：

（1）一般情况下，承诺是承诺通知到达要约人时才发生法律效力。而招标投标中的承诺，则在中标通知书发出后即发生法律效力。

（2）一般情况下，承诺生效时合同就成立。而招标投标中的承诺生效时合同尚未成立，还需根据招标投标文件中的实质性内容签订合同。

如果所签订合同中关于工程价款的约定与招标投标文件不一致，行政机关有权责令改正，并可以处以一定数额的罚款。

3.招标并备案的施工合同与补充合同并存的情况

在实务中，经招标投标签订的施工合同备案后，当事人可能会由于各种原因

再另行订立补充合同。对此类补充合同的法律地位,一般可能存在以下几种情形:

(1) 补充合同签订于中标之前

法律规定,在确定中标人前,招标人不得与投标人就投标价格、投标方案等实质性内容进行谈判,更不允许有串标行为。因此,如果发包人与承包人在中标之前就已签订所谓的补充合同,一般认定为无效合同。

(2) 补充合同签订于中标之后,则可分为以下几种情况:

1) 补充合同仅对非实质性条款进行必要的变更或补充,则该合同有效

在中标后所签订的施工合同中,只要求实质性内容与招标投标文件相一致,并不要求非实质性内容也与招标投标文件相一致。所以,无论是在施工合同中,还是在补充协议中,对非实质性内容的约定法律并未有相应的限制。仅对非实质性条款进行必要的变更或补充的补充合同有效。

2) 补充合同对工程价款的内容进行了变更,则可分为两种情况:

① 如果出现了招标投标过程中没有出现且当时无法预见的新情况,使招标投标的前提条件发生了根本的变化,若不进行变更,将导致建设工程施工合同显失公平,则该补充合同对工程价款的内容进行变更有效。这一点在《施工合同纠纷司法解释(一)》第二十三条中已予以明确。

② 如果不存在招标投标过程中没有出现、无法预见的新情况时,允许承发包双方变更实质性条款,有悖于招标投标法的宗旨,也是对其他未中标的投标人合法权益的侵犯。因此,此种情形下工程竣工结算还是以中标合同为依据进行。

以何种约定进行结算才是合法,关键是要把握好正常的合同变更行为与规避中标行为的界限。既要不悖于《招标投标法》的宗旨,又要遵循《民法典》的意思自治原则;既要遵循《招标投标法》所倡导的公平,也应尊重当事人修改、变更合同的权利。

综上所述,经过招标程序所签订的施工合同,承发包双方对工程价款的约定要受到某种程度的限制。如果发生了在签订施工合同时无法预见的客观事件,使合同订立的前提条件发生了变化,必须对工程价款的内容进行变更或若不变更则会使承发包双方当事人的权利和义务显著失衡,这种情形应允许变更工程价款条款;反之,则不得变更。而对非实质性内容,则完全遵循意思自治原则,无论前提是否变化,均允许变更。

要点四：
招标发包的阴阳合同

三、建议与提醒

（1）若强制招标的工程项目未招标，则其签订的建设工程合同无效。而对于非强制招标发包的建设工程项目，当事人选择进行招标发包的情况，也必须遵循《招标投标法》的相关规定。

（2）实践中，判断是否属于进行招标投标行为的关键在于招标人在招标文件中是否设置了对所有投标人均统一适用的评标标准。

（3）通过施工图方式进行逃标。在招标发包时按某套施工图进行招标，根据招标合意签订合同并予以备案。但在施工过程中，却依照另一套真实的施工图形成双方合意并以此确定双方的权利和义务。其本质是以直接磋商的方式形成直接合意，是必须招标而未招标的一种逃标行为。以这种方式逃标时，通常招标人和中标人事前是明知且故意的。

（4）通过结算书方式进行逃标。整个招标过程完全按照规定进行，合同实质性内容也完全按招标合意签订并予以备案。但在承包人提交的竣工结算书中全部或部分改变了计价方式，而发包人按递交的结算报告进行审价并支付结算余款。其本质是按该结算书进行审价（或造价咨询单位按此结算书进行审价）形成事实上的"阴合同"，从而达到逃标的目的。

以这种方式逃标时，通常承包人是明知且故意的，而发包人通常是不知且过失的。若存在工程造价审价环节，工程造价咨询单位的造价工程师被定性为疏忽大意过失是相对合理的。

（5）通过改变承包范围方式进行逃标。由于工程项目的不确定性，在施工过程中往往会产生一部分的工程变更，而由于工程变更是发生于工程合同履行过程中，故通常不存在招标的可能性。因此，招标人往往以改变后的承包范围或工程内容（通常是缩小招标范围或将量大价高的子项目设为暂定价等方式）进行招标，而在合同履行过程中，以工程变更为借口进行大量的直接合意，从而达到部分逃标的目的。由于对工程变更进行招标合意的操作性存在困难，除了《政府采购法》对工程变更占整个工程项目的比例作了限制外，其他法律均未就此类问题进行规定。

以这种方式逃标时，通常招标人是明知且故意的，也不排除与中标人共同串谋，唯二者主观故意的倾向有所不同而已。当然，也存在承包人不知情的可能性。

四、法条链接

《中华人民共和国民法典》

第四百六十七条 本法或者其他法律没有明文规定的合同，适用本编通则的规定，并可以参照适用本编或者其他法律最相类似合同的规定。

第八百零八条 本章没有规定的，适用承揽合同的有关规定。

《中华人民共和国建筑法》

第十九条 建筑工程依法实行招标发包，对不适于招标发包的可以直接发包。

《中华人民共和国立法法》

第八十三条 同一机关制定的法律、行政法规、地方性法规、自治条例和单行条例、规章，特别规定与一般规定不一致的，适用特别规定；新的规定与旧的规定不一致的，适用新的规定。

《中华人民共和国招标投标法》

第二条 在中华人民共和国境内进行招标投标活动，适用本法。

第三条 在中华人民共和国境内进行下列工程建设项目包括项目的勘察、设计、施工监理以及与工程建设有关的重要设备、材料等的采购，必须进行招标：

（一）大型基础设施、公用事业等关系社会公共利益、公众安全的项目；

（二）全部或者部分使用国有资金投资或者国家融资的项目；

（三）使用国际组织或者外国政府贷款、援助资金的项目。

第二十七条规定第一款 投标人应当按照招标文件的要求编制投标文件。投标文件应当对招标文件提出的实质性要求和条件作出响应。

要点四：
招标发包的阴阳合同

第四十五条第二款　中标通知书对招标人和中标人具有法律效力。中标通知书发出后，招标人改变中标结果的，或者中标人放弃中标项目的，应当依法承担法律责任。

第四十六条第一款　招标人和中标人应当自中标通知书发出之日起三十日内，按照招标文件和中标人的投标文件订立书面合同。招标人和中标人不得再行订立背离合同实质性内容的其他协议。

第五十三条　投标人相互串通投标或者与招标人串通投标的，投标人经向招标人或者评标委员会成员行贿的手段谋取中标的，中标无效……

第五十九条　招标人与中标人不按照招标文件和中标人的投标文件订立合同的，或者招标人中标人订立背离合同实质性内容的协议的，责令改正；可以处中标项目金额千分之五以上千分之十以下的罚款。

要点五：

工程价款的市场属性

一、相关条款

（一）《施工合同纠纷司法解释（一）》第十九条

1. 具体条款

当事人对建设工程的计价标准或者计价方法有约定的，按照约定结算工程价款。

因设计变更导致建设工程的工程量或者质量标准发生变化，当事人对该部分工程价款不能协商一致的，可以参照签订建设工程施工合同时当地建设行政主管部门发布的计价方法或者计价标准结算工程价款。

建设工程施工合同有效，但建设工程经竣工验收不合格的，依照民法典第五百七十七条规定处理。

2. 主旨诠释

本条款是关于工程价款计算标准的规定。主要包含以下三个方面的内容：

（1）根据意思自治原则，当事人在施工合同中已就工程计价标准或者计价方法有所约定的，在建设工程竣工验收合格后的结算中应当遵循。

（2）由于建设工程项目天然的不确定性，在建设工程实施阶段中往往以工程变更的形式体现。工程变更往往涉及承、发包双方权利义务的重新分配，而这又往往通过工程签证的形式体现。因此，一般而言，建设工程项目的不确定性最终落实在工程签证上。

由于施工合同的计价方式或计价标准与承包范围相对应，施工合同中的计价方式或计价标准并不等同于工程变更中的计价方式或计价标准，故当出现工程变更时，承、发包双方应当对其价款的计价方式或计价标准进行协商。如双方就此协商达成一致意见，则按协商一致的计价方式或计价标准进行结算。

（3）根据法律规定，如果价款或者报酬不明确，按照订立合同时履行地的市场价格履行，但若该价格应当执行政府定价或者政府指导价的，则按政府定价或政府指导价履行。而建设行政主管部门发布的计价方式或者计价标准结算工程价款应当被认定为政府指导价，所以，如果当事人对工程变更的计价方式或计价标准不能达成一致，可以参照签订建设工程施工合同时当地建设行政主管部门发布的计价方式或者计价标准结算工程价款。

（4）如建设工程施工合同有效，但建设工程经竣工验收不合格的，则按《民法典》中规定的违约责任承担方式处理。

（二）《施工合同纠纷司法解释（一）》第二十九条

1. 具体条款

当事人在诉讼前已经对建设工程价款结算达成协议，诉讼中一方当事人申请对工程造价进行鉴定的，人民法院不予准许。

2. 主旨诠释

本条款是关于当事人在起诉前已达成工程价款结算协议是否适用鉴定的规定。在理解及适用本条时应注意以下几方面内容：

（1）工程价款是市场价，而市场价以当事人最终合法的合意为准。工程造价鉴定是为解决当事人就工程价款结算产生的争议而设置，因此，只要当事人已对工程价款达成合法合意，各方均应诚信履行，没有启动工程造价鉴定的必要性。

（2）本条应同样适用于诉讼中达成结算协议的情形。如当事人在诉讼中就工程价款结算达成结算协议的，只要是当事人的真实意思表示，均应予以尊重和保护。

二、条款解读

（一）当今的工程价款属性为市场价

1. 工程价款属于价格体系中的市场价

当今，中国的经济体制是中国特色社会主义市场经济，而市场经济的本质之一是由市场竞争决定价格。因此，当今中国价格体系中，除极少数的商品或服务是采用政府定价或政府指导价外，其余的绝大多数的价格均属于市场价。

某一商品或服务的价格要成为政府定价或政府指导价，必须同时满足必要条件和充分条件，即在定性上，其必须属于关系到国计民生或稀缺垄断等的商品或服务这一必要条件；在程序上，其必须被列入国家或地方的定价目录中这一充分条件。而工程价款既不具备政府定价或政府指导价所需要的必要条件，也不满足其充分条件。同时，鉴于工程项目建设及供求状态的不确定性，工程价款也很难制定统一的政府价或政府指导价。因此，工程价款不属于政府定价或政府指导价，而属于价格体系中的市场价。

退而言之，若工程价款是政府定价或政府指导价，则会出现当建设工程领域的各参与方不执行政府指导价或政府定价时，将会面临承担相应的行政责任。而事实上，从未出现也不可能出现此类行政责任，由此反证工程价款为市场价这一观点。

2. 法律直接或间接地肯定工程价款是市场价

无论是直接发包还是招标发包，工程价款由承、发包双方在工程施工合同中约定，并按该约定进行工程价款的结算。唯招标发包还应遵守《招标投标法》的相关规定，即在招标过程中形成的工程价款的合意不得擅自改变。因此，法律直接肯定了工程价款就是市场价。同时，法律还在多个方面间接肯定了工程价款的市场价属性，例如：

（1）"固定价不予鉴定"的规定

最高院对承包人希望通过鉴定结论证明其签约时的"固定价"低于履行时的市场价，从而达到对固定价进行调整的目的是持否定态度的，由此在《施工合同司法解释（一）》第二十八条作出了"固定价不予鉴定"的规定。该规定的实质是正面肯定了工程价款是市场价。同时，作为工程价款要素的人工、材料、机械等，若其价格是政府定价或政府指导价调整，该规定也间接否定了其可调整性。本规定是从合同履行时商业风险和超额利润可能性并存的角度出发，诠释公平原则的本质。

（2）"逾期不结算视为认可"的规定

为了尽可能防止发包人拖延支付工程结算余款，《施工合同司法解释（一）》第二十一条对当事人"逾期不结算视为认可"的约定予以了正面肯定。若工程价款非市场价，则不可能产生当事人合意的结算价，更不可能出现由于"逾期未结算"而认可送审价的情形。因此，该规定建立在工程价款的市场价属性上，强调对当事人形成的合意应当尊重的立法精神。

（3）"原则上按审价为准"的规定

如果某个建设工程项目属于国有资金投资的项目，则该项目有可能既经过"社会审价"，又经过"国家审计"。若二者结果不一致，法律明确规定原则上以"社会审价"为准。该规定对"社会审价"的效力予以了肯定，亦是以承认工程价款的市场价属性为前提的。

3.法律对工程价款合意的适当限制

通过市场竞争形成的工程价款虽然属于市场价，但由于工程质量关系到不特定人的生命安全和社会资源的合理利用，质量优先是当代中国建筑法的立法宗旨，故而有必要对当事人关于工程价款所形成的合意进行适当限制。

（1）工程价款的总价不得低于成本价

如果是招标发包，《招标投标法》不仅不允许招标人以低于成本价的价格进行招标，而且也不允许投标人以低于成本价的报价进行投标；如果是直接发包，我国相关法律则明确规定当事人合意的工程价款不得低于成本价。

（2）工程价款的组成应包括安全措施费

法律不仅不允许发包人不支付安全施工措施费，且更不允许承包人将安全施工措施费挪作他用。因此，通过市场竞争形成合意后的工程价款组成中应当包括安全施工措施费。如果发包人在双方合意的工程价款中没有约定安全施工措施费，其应当将该笔费用事后补给承包人，否则可能被行政主管部门责令停止施工。如果承包人将取得的安全施工措施费挪作他用，行政主管部门将责令其停止挪用并处以相应的罚款。若因此造成损失，还应承担相应的赔偿责任。

（3）清单规范中采用的是狭义的综合单价

作为国家标准的《建设工程工程量清单计价规范》GB 50500—2013在肯定工程价款是市场价的前提下，允许绝大多数的费用进行竞争，但是对安全文明施工措施费、规费和税金明确不得作为竞争费用。

（二）工程审价与工程审计的辨析

1.不同主体在不同层面实施的不同法律行为

（1）不同的法律行为

"审价"与"审计"是两种不同性质的法律行为。"审价"是由发包方（或委托造价咨询单位）对承包方提交的工程结算资料进行结算审核，以确定竣工结算价款金额的一种民事法律行为。而"审计"则是审计机关代表项目投资的所有者对经营者的经营行为予以监督、评价和再审查的一种行政法律行为。"审价"主要体现当事人的一致意思，而"审计"主要体现国家行政职权意志。

（2）不同的主体实施

"审价"与"审计"的实施主体不同。"审价"的实施主体是发包人（或委托的造价咨询单位），而承包人则是以平等民事主体的地位出现的。"审计"的实施主体则是国家审计机关，其与被审计单位是一种行政监督关系。"审价"主体之间主要体现平等性，"审计"主体之间主要体现监督性的特点。

（3）在不同层面实施

"审价"与"审计"的实施层面不同。通常，在审价完成后，审计机关才能在对审价过程的真实性、合法性进行调查的基础上，就被审计单位所执行的竣工决算依法予以行政审计监督。即先经"审价"完成后，再由"审计"在另一层面实施。

2.若审计代替审价可能产生的问题

（1）混淆了原本清晰的概念

会出现由发包人主导的"审价"过程变为审计机关出具"审计"结果的过程。而审计机关名曰出具"审计"结果，实为发布"审价"结论。

(2) 改变了原本明确的主体

对承包人而言，此时审计机关的主体性质是民事主体，而对被审计单位而言，仍为行政主体。故审计机关在此过程中表明身份与实际身份的主体性质是完全不相符的。

(3) 打乱了原本分明的层次

使得审计机关代为"审价"的过程不存在相应的"审计"监督环节，将原本"审价先行对外""审计事后对内"的两个清晰层面变成只存在"审价"单一层面的格局。

（三）工程价款原则上不可能调价

1. 市场价的形成以合法的合意为基础

（1）市场价由当事人合意形成

市场价基于当事人的合意形成，原则上法律不予干涉。即便是以质量为宗旨的《建筑法》体系，对于工程价款的形成也仅要求不得低于成本价，价格的属性由最终进行交易的标的物决定，与其组成的基础价格的属性无关。故工程价款组成的基础价格可能是政府定价或政府指导价，但这绝不影响工程价款的市场价属性。而既然工程价款属于市场价，则其形成以当事人合意结果为准，一旦合意达成就应诚信履行。

（2）造价计价方式基于合意形成

根据合意时对材料价格波动风险分担方式的约定不同，工程价款计价方式大体可分为两种：可调价和固定价。前者是当事人约定基础材料的价格波动风险按某种规则进行分配，后者是当事人约定基础材料的价格波动风险在签约时已分配完毕。

选择可调价和固定价是承、发包双方合意的结果。一旦双方合意选择固定价，则工程价款与基础材料价格原则上没有任何关系。仅在双方合意选择了可调价时，才有可能与基础材料价格的波动有关。通常情况下，可调价中的调整因素包括法律和国家政策变化的影响、工程价款管理机构的价格调整等，但仍以当事人合意为前提。换言之，即便法律和国家政策对工程价款的要素价格有影响或工程价款管理机构对要素价格调整发布指导意见，若未经当事人合意仍不当然适用。

选择可调价和固定价是承、发包双方合意的结果，可调价中哪些因素可以调整以及如何调整亦是承、发包双方合意的结果。当事人甚至可以就基础价格波动不同幅度分别适用固定价和可调价，但前提仍是合意的形成。

2.有合法的合意就应诚信履行

在民事合同关系中，主观上强调诚信，客观上强调合意。只要合意形成就应当诚信履行，唯在合意这一时点才讨论其合意结果是否显失公平的问题。诚信原则贯穿于合意的全过程——合意过程要诚信，否则将承担缔约过失责任；合意结果要诚信，否则将承担违约责任；合意结果履行完毕后，对于后合同义务仍需诚信。

3.工程价款原则上不存在调价的问题

一般所称的工程价款是由承、发包双方约定的，承包人保质完成建设工程后发包人应当支付的对价，其与承包人为了取得工程价款而必须保质完成建设工程所支出的成本价无关。前者是双方合意的结果，后者是单方应承担的事实；前者体现供求关系双方的博弈技巧，后者体现承包人的管理水平和技术水准。

若双方约定采用固定价的，则所有的基础材料价格波动的风险在合意达成时已分配完毕。例如：当事人在合同中约定某一型号的钢筋为3800元/t，无论履约时段的市场平均价是3200元/t还是4200元/t，发包人均应按3800元/t支付。既不允许"折价"，也不允许"补差"。为了阻止一方通过鉴定方式对成本价与合同价进行比较，从而利用公平原则为借口冲击诚信原则，最高院在司法解释中明确规定了"固定价不予鉴定"。

若双方约定采用可调价的，通常主要基础材料价格"随行就市"。例如：某一型号的钢筋在履约时段的市场平均价是4200元/t，发包人就应按4200元/t支付；若履行时段的市场平均价是3200元/t，发包人就应按3200元/t支付，更不存在依据"情势变更"原则而进行调价的可能。

三、建议与提醒

（1）合同价款＝工程价款＋索赔款＋赔偿款＋其他款项。承包人为完成建设工程花费的成本称为成本造价。合同价款≠成本造价。

（2）基于合同价款具有市场价的契约性特征，即使完全相同的工程项目（即相同地理位置、相同作业条件、相同施工图纸、相同建设周期等），也会在建筑市场中呈现出完全不同的价格数值。一方面，双方事先约定的造价往往会因各自经验水平、投标竞争者多少、商业谈判博弈技巧高低等原因产生差异；另一方面，双方最终所结算的造价也通常会因为实际履约能力、过程合同变更、采取索赔技巧等因素而发生变动。所以，即便完全相同的工程，其约定或结算的造价金额也不尽相同。

（3）合同价款是市场价，故即使最终双方的结算价款与施工承包合同中约定的计价方式结算出的价款不一致，只要其结算价是合法产生的即应遵守。但招标发包形成的工程价款的合意不得变更，这并非对工程价款的市场价属性的否定。不得变更在尊重双方合意的同时，也是对招标程序和其他投标人的尊重。事实上，其针对的不仅是工程价款，更针对该合同涉及的所有实质性内容。

（4）实践中，往往存在某些做法或观点与"工程价款属于市场价"这一定性不完全一致的做法。例如：

1）《建设工程施工合同（示范文本）》（GF-2017-0201）通用条款11.1条

本条内容不仅存在技术问题，且作为其理论基础的"情势变更原则"在实践中的适用难度也较大。

2）"材料价格调整通知"

各地行政主管部门往往会出台一些类似于"材料价格调整通知"的文件。笔者认为，此举并不太妥当，这容易将工程价款与成本造价混为一谈，从而以公平原则冲击诚信原则，造成不必要的混淆。

四、法条链接

《中华人民共和国价格法》

第三条第一款　国家实行并逐步完善宏观经济调控下主要由市场形成价格的机制。价格的制定应当符合价值规律，大多数商品和服务价格实行市场调节价，极少数商品和服务价格实行政府指导价或者政府定价。

《中华人民共和国建筑法》

第十八条第一款　建筑工程价款应当按照国家有关规定，由发包单位与承包单位在合同中约定。公开招标发包的，其造价的约定，须遵守招标投标法律的规定。

《中华人民共和国民法典》

第五百一十一条　当事人就有关合同内容约定不明确，依据前条规定仍不能确定的，适用下列规定：

……

（二）价款或者报酬不明确的，按照订立合同时履行地的市场价格履行；依法应当执行政府定价或者政府指导价的，依照规定履行……

第五百七十七条　当事人一方不履行合同义务或者履行合同义务不符合约定的，应当承担继续履行、采取补救措施或者赔偿损失等违约责任。

《建设工程质量管理条例》

第十条第一款　建设工程发包单位不得迫使承包方以低于成本的价格竞标，不得任意压缩合理工期。

《建设工程安全生产管理条例》

第八条　建设单位在编制工程概算时，应当确定建设工程安全作业环境及安全施工措施所需费用。

要点五：
工程价款的市场属性

《最高人民法院关于建设工程承包合同案件中双方当事人已确认的工程决算价与审计部门审计的工程决算价款不一致如何适用法律问题的电话答复意见》

……审计是国家对建设单位的一种行政监督，不影响建设单位与承建单位的合同效力。建设工程承包合同案件应以当事人的约定作为法院判决的依据。只有在合同明确约定以审计结论作为结算依据或者合同约定不明确、合同约定无效的情况下，才能将审计结论作为判决的依据。

工程签证属性和种类

一、相关条款

（一）《施工合同纠纷司法解释（一）》第十条

1. 具体条款

当事人约定顺延工期应当经发包人或者监理人签证等方式确认，承包人虽未取得工期顺延的确认，但能够证明在合同约定的期限内向发包人或者监理人申请过工期顺延且顺延事由符合合同约定，承包人以此为由主张工期顺延的，人民法院应予支持。

当事人约定承包人未在约定期限内提出工期顺延申请视为工期不顺延的，按照约定处理，但发包人在约定期限后同意工期顺延或者承包人提出合理抗辩的除外。

2. 主旨诠释

本条款是关于承包人未取得工程顺延签证如何处理的规定。主要包含以下两个方面的内容：

（1）工程签证可以分为两类：其一是工程变更的签证，其二是工程索赔的签证。而无论是上述哪类，严格意义上讲均是承包人的权利。权利是无需对方同意即可行使的。故发包人对签证的确定本质上是对该权利行使中定量部分的确定。

（2）工程签证可分为以下三种情形处理：

第一种情形，当事人约定承包人未在约定时间提出签证所对应的权利则视为无权利或放弃该权利的，承包人未在该约定时间内提出或超过约定时间提出的，人民法院对其主张工期顺延原则上不予支持。但有两种例外情形，即发包人事后同意顺延或承包人的抗辩理由是合理的除外。

第二种情形，当事人没有约定承包人未在约定时间提出签证所对应的权利则视为无权利或放弃该权利的，承包人只要有证据证明其行使过该权利，且该权利所对应的事由符合合同约定的，人民法院应予支持。

第三种情形，无论当事人是否有"承包人未在约定时间提出签证所对应的权利视为无权利或放弃该权利的"约定，只要承包人取得合法签证的，人民法院应予支持。

（二）《施工合同纠纷司法解释（一）》第十九条

1. 具体条款

当事人对建设工程的计价标准或者计价方法有约定的，按照约定结算工程价款。

因设计变更导致建设工程的工程量或者质量标准发生变化，当事人对该部分工程价款不能协商一致的，可以参照签订建设工程施工合同时当地建设行政主管部门发布的计价方法或者计价标准结算工程价款。

建设工程施工合同有效，但建设工程经竣工验收不合格的，依照民法典第五百七十七条规定处理。

2. 主旨诠释

本条款是关于工程价款计算标准的规定。主要包含以下四个方面的内容：

（1）根据意思自治原则，当事人在施工合同中已就工程计价标准或者计价方法有所约定的，在建设工程竣工验收合格后的结算中应当遵循。

（2）由于建设工程项目天然的不确定性，在建设工程实施阶段中往往以工程变更的形式体现。工程变更往往涉及承、发包双方权利义务的重新分配，而这又往往通过工程签证的形式体现。因此，一般而言，建设工程项目的不确定性最终落实在工程签证上。

由于施工合同的计价方式或计价标准与承包范围相对应，施工合同中的计价方式或计价标准并不等同于工程变更中的计价方式或计价标准，故当出现工程变更时，承、发包双方应当对其价款的计价方式或计价标准进行协商。如双方就此协商达成一致意见，则按协商一致的计价方式或计价标准进行结算。

（3）根据法律规定，如果价款或者报酬不明确，按照订立合同时履行地的市场价格履行，但若该价格应当执行政府定价或者政府指导价的，则按政府定价或政府指导价履行。而建设行政主管部门发布的计价方式或者计价标准结算工程价款应当被认定为政府指导价，所以，如果当事人对工程变更的计价方式或计价标准不能达成一致，可以参照签订建设工程施工合同时当地建设行政主管部门发布的计价方式或者计价标准结算工程价款。

（4）如建设工程施工合同有效，但建设工程经竣工验收不合格的，则按《民法典》中规定的违约责任承担方式处理。

（三）《施工合同纠纷司法解释（一）》第二十条

1. 具体条款

当事人对工程量有争议的，按照施工过程中形成的签证等书面文件确认。承包人能够证明发包人同意其施工，但未能提供签证文件证明工程量发生的，可以按照当事人提供的其他证据确认实际发生的工程量。

2. 主旨诠释

本条款是关于当事人对工程变更数量发生争议时如何确定的规定。主要包含以下两个方面的内容：

（1）从法律层面而言，工程变更指令与工程签证就组成了经过要约和承诺的一个新合同。但该合同的成立是在施工承包合同履行过程中进行的，故承、发包双方对对方的要约和承诺行为均具有一定的特殊性。例如，作为承诺人原则上必须执行指令，即对内容并非具体确定的要约，必须先执行指令内容。而关系到承包人主要权利的工程价款或工期则往往在完成工程变更的一定时期后才由工程签证来明确。

（2）没有正式的工程变更指令及工程签证，但承包人实际已完成了工程变更内容，这种情况对承包人最为不利。但是，根据《民事诉讼法》"谁主张，谁举证"的举证责任分配原则，若承包人能够提出证据证明其实际施工的工程量多于施工合同约定的工程量的部分是应发包人同意或要求进行施工的，且该证据经过庭审质证，被认定为符合法律关于证据的真实性、合法性、关联性要求，则可以作为计算工程量的依据。

二、条款解读

（一）工程签证的由来和本质

建设工程施工合同的签订基于签订时的承包范围、设计标准、施工条件等前提，施工合同承、发包方权利义务的分配也以此为基础。故合同所体现的公平合理，乃至权利和义务冲突保障机制均是基于这一静态前提的。但实践中由于建设工程项目的结果唯一性和过程不确定性，这种静态往往会被打破。这种情况下，双方就需要在新承包范围、新设计标准或新施工条件等前提下建立新的平衡，追求新的公平合理。这就是为什么承、发包双方事先在合同中约定结算的原因。

工程价款之所以存在结算这一步骤主要有两个原因：其一，合同履行过程中由发包人引起的变化主要针对承包范围和承包内容，即承包范围的增加减少、承包内容的改变等。其二，合同履行过程中非发包人引起的"干涉"，主要针对建设工期和建造条件，即工期的中止、承包状态的变化等。结算则是在"尊重历史、立足当前"的原则下厘清价款。而实践中，承、发包双方往往以发包人签发的签证为依据进行结算。

1. 工程签证分为工程变更签证和工程索赔签证

根据签证发生的原因不同，签证可分为"工程变更签证"和"索赔签证"。其中，工程变更签证指因签订合同时的承包范围和承包内容发生变化而出现的结算依据；索赔签证则是指合同履行过程中因非承包人原因导致建造状态变化引起成本增加的结算依据。

2. 工程签证是发包人所认可承包人权利的定量化

无论是工程变更签证还是索赔签证，均是承包人权利定量化被发包人认可的一种体现。因此，《施工合同纠纷司法解（一）》第二十条明确即便没有签证但只要有其他证据能够证明承包人获得该权利的，人民法院应予以支持。

3. 工程变更签证的主要特点

从法律层面而言，工程指令与工程签证可以构成要约和承诺，从而成立补充（或变更）协议，而具有要约性质的指令往往具有以下特点：

（1）未必具备要约所有要件

要约的内容应当具体确定，即对应的承诺生效后能基本构成一个完整的合同。但作为要约的工程指令往往只涉及变更内容而不涉及变更的时间成本（如工期是否延期）和资金成本（如造价如何确定）。

（2）表达形式具有多样性

建设工程合同应当采用书面形式。但实务中，工程指令的形式往往多样，可能是书面，也可能经由口头指令后转为书面确认；可能明确以指令形式表达，也可能通过会议纪要、往来函件、工程洽商记录等形式体现。

（3）承包人原则上必须执行

承诺是受要约人对要约的响应，换言之，对于要约的意思表示，受要约人可以自由选择同意与否。但建设工程实务中，作为承诺人的承包人原则上必须对作为要约的工程指令进行承诺并切实执行指令内容。

（4）工程变更计价的独立性

建设工程施工合同的计价是签订合同时点下承、发包双方就项目计价事宜达成的合意。而工程变更的计价是工程变更时点下双方就变更内容达成的合意。因此，二者的前提条件显然不同，合同约定的计价方式不必然等同于工程变更的计价方式。这一点在《施工合同司法解释（一）》第十九条、第二十条中也有明确体现。

4. 工程索赔签证的主要特点

工程索赔指承包人或发包人在履行建设工程施工合同过程中，对于因非自身过错，而是应由对方承担责任的情况造成实际损失而向其提出经济补偿和（或）工期顺延要求的行为。根据索赔内容的不同，工程索赔可分为费用索赔和工期索赔两类。工程索赔具有如下特点：

（1）索赔原因并非一定在于发包人违约

承包人可就非自身原因导致的为该工程多花费的成本（如时间成本或其他成本）向发包人提出索赔，而"非自身原因"可能是第三人原因，可能是不可抗力事件，也可能是发包人不属于违约的正当行为。

（2）索赔理由主要源自行业惯例

国际惯例是中国法律的非正式渊源之一。而工程索赔的主要依据来自国内外建筑业长期形成的行业惯例。所谓惯例是指某一行业经过大量案件和各种事件所形成的一种约定俗成的规矩，一般具有明显的行业性和专业性，目的在于保障该行业的公平合理。

（3）索赔计价与工程计价不相等同

工程价款是针对物化劳动及建筑材料的计价，而索赔费用主要针对为特定事件所花费的费用。因此，索赔计价不能等同于工程计价。

综上所述，结算这一行为是承、发包双方事先在合同中约定以调整承、发包双方权利义务从而保证动态公平合理的手段。因此，无论是政府出具的《建设工程施工合同（示范文本）》，还是国际较通行的FIDIC、JCT、AIA合同体系，建设工程施工合同较之一般双务合同均有两个显著的特色条款，即工程变更和工程索赔。其目的就是为了服务最后的结算程序。

（二）工程变更签证的确定

由于工程签证的以上特点，在实务中，工程变更签证往往会出现不同形式，例如，有变更指令而无通常概念上的工程签证，只签量而未签价的工程签证等，对不同情形的工程变更签证如何认定、如何计价是我们要讨论的问题。

1.常态下的工程变更签证的情形

如果发包人工程变更的要求是以工程变更指令来下达的，往往会存在一个与之对应的工程签证，根据所形成的工程签证对变更事实和变更成本的确定情况，可分为两种情形：

（1）第一种情形：明确变更事实和变更成本的工程签证

这类工程签证是最有利于维护承包人利益的。并且这种对工程价款或工期延期的约定，无论其当地建设行政主管部门发布的计价方法或者计价标准有何差异，也无论与施工合同中关于工程价款的计价方法或者计价标准的约定有何不同，一般均是合法有效的。

根据意思自治原则，只要当事人在自愿诚信的原则下，达成的合意不违反法律和行政法规的强制性规定,均是合法有效的。并且,除有明确的约定外,承、发包双方在施工合同中关于工程价款的计价方法或者计价标准的约定并非必须适用于变更工程。

(2)第二种情形:明确变更事实未明确变更成本的工程签证

这类工程签证对所需要变更的内容是明确的,但对承包人完成的变更工程如何进行计价和是否顺延工期是要讨论的,对承包人而言,这类工程签证相对于没有工程变更签证的情况而言是更为有利的。

关于工期顺延问题,承包人要证明该工程变更已影响到本建设工程的施工关键线路并影响了总工期,如果与发包人协商不能达成一致的情况下,可以通过人民法院判定或仲裁机构裁决。关于工程价款的问题,如果承包人与发包人事后协商不能达成一致,则可参照签订施工合同时当地建设工程行政主管部门发布的计价方法或计价标准结算工程价款。

根据法律规定,合同生效后,当事人就价款没有约定或者约定不明确的,如果能事后达成一致意见,按协商一致的结果执行。如果不能达成一致意见的,则可按合同有关条款或者交易习惯确定。如果根据合同有关条款或交易习惯仍不能确定,则按照订立合同时履行地市场价格履行。但是,如果该价款属于政府定价或者政府指导价的,按政府定价或者政府指导价执行。

从法律层面而言,工程变更指令与工程签证类似于构成了一个新的补充协议。因此,如果对工程价款没有约定,理应遵循法律关于价款约定不明地补救的规定。建设工程的当地建设工程行政主管部门发布的计价方法或计价标准是根据本地建筑业市场的建安成本的平均值确定的,应属于政府指导价的范畴,因此,是任意性规范,并非强制性规范。所以,当工程变更价款因约定不明而救济不能时,法律规定参照当地建设工程行政主管部门发布的计价方法或计价标执行。

2. 非常态下工程变更签证的情形

由于工程变更指令的特点,在实务中,发包人向承包人发出工程变更指令的形式往往多种多样,并非完全以明确的"工程变更指令"形式出现。这种情况下有可能会出现无工程签证的状态。为此,如果承包人能证明其实际施工是由发包人同意或要求进行的,应当视为完成了要约和承诺。而发包人同意或要求其施工的指令可能按以下形式出现:

（1）会议纪要

会议纪要主要有例行会议纪要和专项会议纪要。例如：在由发包人、承包人和监理方等参加的每周例行工程例会上，所形成的有关工程变更方面的决定，可视为工程变更指令。

（2）工程洽商记录

工程洽商记录主要是在施工承包合同履行过程中，发包人就工程问题组织有关设计、施工或监理单位进行洽商所形成的记录。如果在该工程洽商中，各方形成了工程变更的意思，则可视为工程变更指令。

（3）工程检验记录

工程检验记录主要指在施工过程中，对某些技术参数的记录以及隐蔽工程验收的记录。例如：基础验槽记录、建筑定位放线验收单等，这种工程检验记录一般不会涉及价款，但是在一定程度上反映出工程量的变化。

（4）来往电报、函件

在施工过程中，就工程变更问题，承发包双方的往来电报或函件。例如：发包人要求改变某些工程的位置或工程质量的电报或函件。

（5）工程通知资料

就工程的某些技术参数的改变向承包人发出的工程通知资料。例如：发包人变更场地范围、施工作业时间等。

如果工程指令是以上所述的形式，往往有可能没有以工程签证的形式来肯定发生的变更事实，则更不可能以工程签证来确定发生的变更事实的成本，即针对该工程变更没有就工程顺延和工程价款达成合意。这种情况对承包人最为不利。

鉴于以上情形，如果承包人认为其实际施工的工程量多于合同或合同附件中列明的工程量，根据"谁主张，谁举证"的原则，承包人应当提出发包人同意或要求其施工的证据。如果承包人能提供以上形式的工程变更指令，只要这些形式的工程变更指令经过举证、质证等程序后足以证明该工程变更指令所指向的实际工程量真实存在，即可以作为计算工程量的依据。如果承包人不能举证证明上述事实的，应属承包人自身超越设计图纸施工或者质量未达设计要求，相应责任由承包人自行承担。

综上所述，无论采用何种计价方式，只要签订建设工程施工合同的前提条件发生变化，就可能存在工程变更的情形。所以，一般情况下，建设工程合同价款不完全等同于工程竣工结算造价。并且，建设工程合同价款的计价方式并不自然适用于工程变更部分。工程变更部分的计价遵循"有约定,从约定;无约定,从法定"的原则。

(三)工程索赔签证的确定

工程索赔签证包括费用索赔签证和工期索赔签证两类。通常情况下,存在工期索赔签证的同时往往也会存在费用索赔签证的情况,反之则不然。工程索赔签证的确定方式如下:

1. 工期索赔签证的确定

承包人提出工期索赔应符合一定逻辑性,具有一定的层次感,以下是承包人因工期延误提出和计算工期索赔的一般程序。

(1)第一步:工期延误原因分析

工期延误不外乎三种原因:

1)承包人自身原因引起的,不得提出工期索赔;

2)非承包人原因也非发包人原因引起的;

3)发包人原因引起的。

(2)第二步:分析延误的工期是否是关键线路

1)延误的工期属于关键线路,或者是一条非关键线路但因延误已变成关键线路,承包人可以提出工期索赔。由于关键线路的时间就是网络计划的总工期(即施工项目的总工期),关键线路的实际进度提前或滞后,均直接影响施工总工期。因此,如果非承包人自身原因造成关键线路工期延误的,承包人一般可以向发包人提出工期索赔的请求。这种情况具体也可分为以下两种情形:

①由发包人引起的延误

这种情况下,承包人不仅可以向发包人提出工期索赔,还可以向发包人提出延误工期所增加的费用。

②非发包人引起的延误

这种情况下,虽然延误的工期处在关键线路,但并非由发包人引起,而是由发包人和承包人无法控制的原因引起的,则承包人在向发包人索赔该工期延误时,仅能提出工期索赔,而不能索赔因延误工期所增加的费用。

2)延误的工期属于非关键线路,则承包人不可以提出工期索赔。由于非关键线路上的工序存在一定的机动时间,所发生的延误通常并不会导致整个工程的工期延误。所以,若系非承包人自身原因造成的非关键线路的工期延误,承包人一般不得向发包人提出工期索赔的请求。这种情况具体也可分为以下两种情形:

①由发包人引起的延误

这种情况下,承包人虽然不可以向发包人提出延误工期的索赔,但可以向发包人提出因工期延误所增加的费用索赔。

②非发包人引起的

这种情况下,承包人既不可以向发包人提出延误工期的索赔,也不可以向发包人提出因延误工期所增加的费用索赔。

2. 费用索赔签证的确定

不同的索赔事件,其费用索赔的计算构成是不同的,以下根据建筑业的惯例,总结了各种可能引起承包人费用索赔的事件以及相应的计算构成:

(1)工程中断

通常认为,工程中断是指发包人的原因要求承包人暂停施工的行为。一般情况下,当工程中断时,如果承包人放弃行使合同解除权的,则享有向发包人要求工期顺延和费用索赔的权利。其中,费用索赔的内容主要包括人工费、机械使用费和其他费用。

根据建筑业的惯例,人工费损失应考虑这部分人员调配到其他工作岗位时工效降低的损失费用,一般以工日单价乘以经测算的降效系数来计算这一部分损失,且只按成本费用计算,不包括利润。机械使用费一般按折旧费或停滞台班费或租赁费计算,不包括运转费用。其他费用则是指因工程中断所造成的其他相关费用,一般是指停工复工所产生的其他额外费用、工地重新整理等费用。

(2)工期顺延

承包人因工期顺延提出费用索赔的内容主要包括人工增加费、材料增加费、机械设备增加费、现场管理增加费、分包工程索赔等。根据建筑业的惯例,人工增加费包括人工工资的上涨、不合理使用劳动力所增加的人工工资等;材料增加费包括因工期顺延所引起的材料价格的上涨等;机械设备增加费主要包括增加的机械折旧费或增加的设备租赁费(包括必要的机械进出场费)等;现场管理费的增加主要包括现场管理人员的工资津贴、现场办公设施等;分包工程索赔费用包括分包人向总包人索赔的分包费以及相应管理费用。

（3）工期赶工

如果承包人提出的工期索赔请求是成立的，且施工合同中约定的建设工期较长，但是对竣工时间的要求较严格的情况下，只要实际工期是在合理工期范围内的，发包人往往不会同意工期顺延。这种情况下，承包人可以要求发包人支付赶工费。

赶工费的计算主要包括人工费用的增加，例如，新增加投入的劳动力、不经济使用劳动力等；材料费的增加，例如，不经济使用材料所造成的过多的损耗、材料提前交货所增加的费用、材料运输费的增加；机械设备费的增加，例如，增加机械投入、不经济地使用机械等。

如果是因工程量增加而提出的费用索赔，其费用的构成原则上按承、发包双方的合意计算；如果承、发包双方不能达成一致的，除非施工合同中明确约定按照施工合同中的计价标准和方式计价，否则应当按照签订施工承包合同时当地行政部门发布的计价方法或者计价标准结算。所以，严格来说，因工程量增加而提出的费用索赔，其实质就是重新报价的过程，应遵循工程价款的原则和组成。

综上所述，由于费用索赔不同于工程价款的计算，其计算依据相对较多，没有一个统一的标准。因此，如何提出一个恰如其分、合情合理、双方接受的具体索赔方案往往是费用索赔成功的关键。

三、建议与提醒

（1）应当建立如下理念：①合同价款＝工程价款＋索赔款＋赔偿款＋其他款项；②工程价款＝承包范围内工程价款＋变更价款；③承包范围内工程价款的计价方式≠变更价款的计价方式；④变更价款的计价遵循"有签证按签证，无签证按法定"；⑤签证仅是发包人认可承包人工程变更或工程索赔权利量化的凭证。

（2）若有签证，原则上"签多少算多少"。但无签证并非就不可计价，工期也并非必然不可顺延。

（3）从承包人角度而言，首先应力争取得工程签证。但没有签证，只要有证据可以证明发包人要求或同意施工，则变更工程就可以计价，工期就有顺延的可能性。因此，合同履行过程中的证据收集尤为重要。一次天气预报、一份会议纪要等均可能成为一张"支票"。

（4）从发包人角度而言，为了有效控制造价，避免因表见代理和越权委托产生的不利情形，在签订的施工承包合同中最好明确约定工程签证的价格确定权只能由现场代表行使且规定其工程签证的价格的上限。超过该限额的，必须由发包人确认方为有效。

（5）从诚信公平的角度而言，承发包双方应尽可能避免"逾期……视为……"的表述。即便因供求关系或其他原因如此约定，也必须注意，至少在工期顺延这一事项中存在例外情况，并非一定适用。

（6）承、发包双方均应当认识到"送"与"达"是两个不同的概念。完整的送达证据是包括"送"的证据和"达"的证据。并且，尽可能将一个文件通过不同方式进行多次送达，以达到巩固的效果。

四、法条链接

《中华人民共和国民法典》

第五百四十三条　当事人协商一致，可以变更合同。

第五百一十一条　当事人就有关合同内容约定不明确，依据前条规定仍不能确定的，适用下列规定：

……

（二）价款或者报酬不明确的，按照订立合同时履行地的市场价格履行；依法应当执行政府定价或者政府指导价的，依照规定履行……

第八百零三条　发包人未按照约定的时间和要求提供原材料、设备、场地、资金、技术资料的，承包人可以顺延工程日期，并有权请求赔偿停工、窝工等损失。

《中华人民共和国建筑法》

第五十八条第二款　建筑施工企业必须按照工程设计图纸和施工技术标准施工，不得偷工减料。工程设计的修改由原设计单位负责，建筑施工企业不得擅自修改工程设计。

《建设工程质量管理条例》

第二十八条　施工单位必须按照工程设计图纸和施工技术标准施工，不得擅自修改工程设计，不得偷工减料。

施工单位在施工过程中发现设计文件和图纸有差错的，应当及时提出意见和建议。

要点七：

工程结算的默示认可

一、相关条款

（一）《施工合同纠纷司法解释（一）》第二十一条

1. 具体条款

当事人约定，发包人收到竣工结算文件后，在约定期限内不予答复，视为认可竣工结算文件的，按照约定处理。承包人请求按照竣工结算文件结算工程价款的，人民法院应予支持。

2. 主旨诠释

本条款是关于发包人未在规定的时间完成工程结算的法律后果的规定。主要包含的内容有：

发包人逾期不结算视为认可承包人所递交的结算文件应当符合的条件：

（1）承、发包双方已在合同中约定了发包人审核竣工结算文件的期限，并且明确约定，如果发包人未在该约定的期限内对承包人递交的结算报告给予答复的，视为认可承包人递交的结算报告；

（2）承包人已递交了竣工结算报告并且发包人已经收到；

（3）发包人在约定的期限内不予答复。

（二）《最高人民法院〈关于发包人收到承包人竣工结算文件后，在约定的期限内不予答复，是否认可竣工结算文件〉的复函》（[2005]民一他字第23号）①

1. 具体条款

同意你院审委会的第二意见，即：适用该司法解除第二十条的前提条件是当事人之间约定了发包人收到竣工结算文件后，在约定期限内不予答复则视为认可竣工结算文件。承包人提交的竣工结算文件可以作为工程款结算的依据，住房和城乡建设部制定的建设工程施工合同格式文本中的通用条款第33条第3款的规定，不能简单地推论出，双方当事人具有发包人收到竣工结算文件一定期限内不予答复，则视为认可承包提交的竣工结算文件的一致意见表示，承包人提交的竣工结算文件不能作为工程款结算的依据。

2. 主旨诠释

《施工合同纠纷司法解释（一）》第二十一条与原《施工合同纠纷司法解释》第二十条的内容完全一致。本复函是针对如何具体适用《施工合同纠纷司法解释》第二十条的意见，故同样可用于参照理解《施工合同纠纷司法解释（一）》第二十一条。该意见主要包含的内容有：

（1）适用《施工合同纠纷司法解释》第二十条的前提在于双方有约定且约定符合条件。首先，该约定必须明确发包人对竣工结算文件的答复时间；其次，该约定必须明确如发包人逾期不予答复则视为认可承包人递交的竣工结算文件。二者均不可或缺。

（2）即便行政部门制定的《建设工程施工合同（示范文本）》中的通用条款已有相应规定，但因该示范文本仅作为参考使用，且通用条款中的该"默示认可"条款并非必然经由当事人协商一致。故为慎重起见，仅有示范文本中通用条款的"默示认可"条款不宜简单认定为当事人达成了"逾期不结算视为认可"的合意，从而将承包人提交的竣工结算文件作为工程款结算依据。

---

① 本文件发布日期与实施日期为2006年4月25日。

二、条款解读

(一) 肯定"逾期不结算视为认可"的原因

竣工结算余款的支付前提是工程已完成并验收合格,故通常情况下,发包人在竣工结算时已开始正常使用建设工程。也因此,实践中常常发生发包人故意拖延工程竣工结算审核时间以达到延期支付工程结算余款的目的。而拖欠工程结算余款,不仅涉及总承包人,也会在相当程度上影响分包人、建材供应商以及大量的进城务工人员。对此,法律法规通过大量"逾期不结算视为认可"的规定以避免这种情况的发生。法律之所以肯定"逾期不结算视为认可"条款的原因可归结为如下几点。

1. 工程竣工移交后双方共同目的不存在

建设工程施工合同当事人双方对工程质量、工程价款和工程期限的态度不完全相同。但工程建设阶段,发包人希望按时结束工程投入使用,承包人希望按时完成工程取得工程款,即此时双方对工程期限的追求是一致的。但在工程验收合格并移交后,双方对工期的共同追求不复存在。不仅如此,此时承包人已基本完成合同义务,发包人对于拖欠承包人进度款可能造成承包人单方解除合同的顾虑也不复存在,双方的权利地位已失衡。

2. 承包人优先受偿权的行使存在障碍

由于承揽合同中承揽人的先履行义务,为了防止定作人在取得定作物后拖欠价款,故法律赋予承揽人以留置权。但鉴于建设工程合同的标的物是不动产,而法律明确规定留置权不适用不动产,故为保障承发包双方的"物款两清",法律赋予承包人优先受偿权。但需要注意的是,优先受偿权只能就工程价款部分行使,而不涉及逾期支付建设工程价款的利息、违约金、损害赔偿金等,并且部分工程项目不适用优先受偿权。同时,行使优先受偿权存在程序要求,其中最关键在于行使优先受偿权存在最长不得超过十八个月的除斥期间。

3. 对支付节点的认识不足

发包人拖欠结算余款的方式一般为拖延竣工结算，而其采用该方式的理论基础一般为结算完毕是支付竣工结算余款的前提。换言之，若未完成结算，则无法就工程结算余款进行支付。然而，应支付的时点与实际支付的时点是两个截然不同的概念。从承揽合同中的留置权规定可以看出，定作人支付款项的时点在于接受定作物。而建设工程合同作为特殊承揽合同，虽然不适用留置权，但支付价款的法定时点并无特殊规定。这就意味着，即便发包人拖延结算，支付时点仍然不变。结算完毕后，发包人不仅应支付工程结算余款，还应支付逾期利息。

发包人通过拖延工程竣工结算审核以拖延支付工程结算余款的行为，在建设工程行业中属于出现频率较高的问题。而因其涉及人员上至总承包人，下至进城务工人员，其不利影响也较大，故行业、社会及国家均对其予以高度重视。法律对于"逾期不结算视为认可"的规定就是相关意志的体现。

（二）如何约定"逾期不结算视为认可"

严格来说，最高院在《施工合同纠纷司法解释（一）》中关于"逾期不结算视为认可"的规定并不是新确定的法律责任，只是以司法解释的形式肯定了发包人与承包人在施工合同中约定的这种附条件的民事法律行为的有效性，肯定了发包人与承包人选择这种确定工程款的结算方式，其实质是对当事人约定的尊重。

所谓附条件的民事法律行为是指在民事法律行为中规定一定条件，并且把该条件的成就与否作为确定行为人的民事权利和民事义务发生法律效力或者失去法律效力的依据的民事法律行为。"逾期不结算视为认可"的规定所附的条件为消极的延缓条件。所谓消极的延缓条件（又称为停止条件）是指民事法律行为中所确定的民事权利和民事义务要在所附条件成就时才能发生法律效力，且所附的条件是消极条件。而消极条件是指以不发生某种事实为条件的内容，即当一定事实的不发生为条件成就；当一定事实的发生为条件不成就。

"逾期不结算视为认可"的规定附有"发包人收到竣工结算文件后，在约定期限内不予答复"的消极的延缓条件。当该条件成就时，即发包人在约定期限内不予答复则可以认可竣工结算文件。本条款的实质是，当条件成就时，发包人以默示的方式承诺以承包人递交的结算文件中的价款支付工程结算余款的一种民事法律行为。所谓的默示行为是指当对方当事人提出民事权利要求时，未用口头或书面明确表示意见，却以其行为表明已接受的，被认定为默示。但是，如果以消极不作为的默示作为意思表示，只有两种情况有效。

第一种是法律明确的规定。这里所称的法律仅仅是指由全国人民代表大会及其常务委员会所制定的法律。因为涉及民事基本制度的事项只能由法律来规定。第二种是当事人明确约定。本条款显然属于第二种情况，故这一切必须建立在发包人与承包人双方约定的前提下。从逻辑学的角度来看，要使发包人默示认可承包人所递交的结算文件结算价款的，可分为以下三个逐级层次的条件：

1. 以"约定"为内容的前提条件

"约定"必须明确两方面的内容：

（1）所附条件的内容（主要是约定答复的期限）；

（2）所附条件成就与否的法律后果。

2. 以"递交"为内容的必要条件

递交应当注意两个问题：

（1）应迅速递交，因为递交时间不仅是约定期限的起始点，而且在大多数施工合同中双方约定工程价款应付时间为工程竣工决算成就时。此时，递交时间就决定了工程价款计息时间。

（2）承包人递交结算文件应当是书面的。

3. 以"逾期"为内容的充分条件

逾期应注意以下两点：

（1）发包人逾期答复不影响以结算文件作为决算依据的法律后果。

（2）发包人在约定的期限内对竣工结算文件的答复应是书面的。

经过以上的分析可知，只有同时满足上述前提条件（发包人与承包人共同约定）、必要条件（承包人递交结算文件）、充分条件（发包方逾期不予答复），才能导致以承包人递交的结算文件作为工程结算余款的依据。因此，在理解和适用本条款时，我们应明确以下几点：首先，若合同中仅约定收到竣工结算报告后的审核期限而未明确约定逾期没有答复视为认可竣工结算报告的，即便发包人未在约定的时间内予以答复，承包人也不能据此要求法院支持其按照竣工结算文件结算工程价款。其次，即便合同中明确有此约定，发包人在约定期限内予以答复而承包人对其答复不满意的，则当自承包人对发包人的答复提出异议时重新起算约定时间。

综上所述，即便"逾期不结算视为认可"的规定旨在赋予承包人维护自身利益的权利，但其行使仍有法定的限制条件。这就要求承包人在未面临被拖欠结算余款时就应对此类事情的发生及自身的权益有着清醒的认知和预判，从而在真正面临困境时能够顺利正当地行使法定权利，维护自身利益。

（三）适用本条款还应关注的问题

工程竣工结算客观而言既涉及专业问题，也涉及契约履行，确实需要一定时间。在实务中，承、发包双方往往在施工合同中约定委托有资质的工程造价咨询单位进行审价，在咨询单位出具竣工结算审价报告后的指定天数内支付工程结算余款。换言之，发包人支付工程结算余款的前提条件常常是咨询单位完成工程审价工作。而工程造价咨询单位由发包人委托，发包人很容易通过控制或拖延工程结算时间来达到拖延支付工程结算余款的目的。因此，设置"逾期不结算视为认可"条款显得尤为重要。

在当代中国建筑法体系中，在两部部门规章中存在"逾期不结算视为认可"的规定。一部是住房和城乡建设部第16号令《建筑工程施工发包与承包计价管理办法》，另一部是财政部和建设部发布的财建〔2004〕第369号令《建设工程价款结算暂行办法》。从中国当代法的渊源而言，这两部法律属于部门规章，而不属于能使不作为的默示成为意思表示的狭义的法律。只有当双方当事人明确约定工程价款的结算适用住房和城乡建设部第16号令或建设部和财政部第369号令，才能使部门规章的规定转化为对双方当事人具有约束力的约定，才能起到"逾期不答复视为认可"的法律后果。

行政单位发布的示范文本，通常由四部分组成：协议书、通用条款、专用条款和附件。而法律明确规定示范文本参考使用，故通用条款仅作为参考规定适用。因此，即便实践中各地的行政单位在建设工程合同备案时强制要求使用示范文本，甚至要求通用条款不得修改，但从法律层面而言，示范文本中的"默示认可"仍应经双方充分合意后方为有效条款。因此，若通用条款中的"默示认可"条款未在专用条款中再次明确，法律不予认可。

综上所述，虽然上述部门规章及示范文本中具有"逾期不结算视为认可"的相关规定，但仍建立在承包人与发包人所签订的施工合同中已有明确约定适用该文件的情况下。否则，不应直接适用。

三、建议与提醒

（1）支付工程竣工结算余款不以结算完毕为前提。《施工合同纠纷司法解释（一）》已明确，工程竣工结算余款的支付时间应是建设工程交付之日。因此，对于承包人而言，尽可能不要约定竣工结算余款在结算完毕多少天之后支付。

（2）工程欠款应付利息，该利息的利率有约定按约定，无约定从法定。对于承包人而言，可以尽可能在合同中约定相对较高的逾期付款利率，从而有助于促使发包人尽快完成结算。

（3）只约定何时结算完毕而未明确约定"逾期不结算视为认可"的，若发包人未在约定时间内审核完毕不能视为认可。

（4）发包人应当尽可能及时对承包人提交的竣工结算进行审核，承包人应当积极配合结算。对发包人而言，尽可能避免在施工合同中约定"逾期不结算视为认可"条款。若有约定，在约定时间之前向承包人提供一份结算初稿可能有利于避免"被认可"的发生。

（5）"默示认可"只能通过狭义的法律明确规定或当事人约定才有效。对于规章中存在的"逾期不结算视为认可"条款，当事人必须明确其可能不被人民法院所认可，但双方明确约定适用具体规章的则另当别论。

（6）根据最高院相关答复意见，行政单位出具的示范文本通用条款中的"默示认可"不可视为双方合意，原则上不予认可，除非双方在专用条款中再次明确。

四、法条链接

《中华人民共和国民法典》

第一百四十条　行为人可以明示或者默示作出意思表示。

沉默只有在有法律规定、当事人约定或者符合当事人之间的交易习惯时，才可以视为意思表示。

第四百七十条　合同的内容由当事人约定，一般包括下列条款：

（一）当事人的姓名或者名称和住所；

（二）标的；

（三）数量；

（四）质量；

（五）价款或者报酬；

（六）履行期限、地点和方式；

（七）违约责任；

（八）解决争议的方法。

当事人可以参照各类合同的示范文本订立合同。

第七百八十三条　定作人未向承揽人支付报酬或者材料费等价款的，承揽人对完成的工作成果享有留置权或者有权拒绝交付，但是当事人另有约定的除外。

第八百零七条　发包人未按照约定支付价款的，承包人可以催告发包人在合理期限内支付价款。发包人逾期不支付的，除根据建设工程的性质不宜折价、拍卖外，承包人可以与发包人协议将该工程折价，也可以请求人民法院将该工程依法拍卖。建设工程的价款就该工程折价或者拍卖的价款优先受偿。

第一千一百二十四条　继承开始后，继承人放弃继承的，应当在遗产处理前，以书面形式作出放弃继承的表示；没有表示的，视为接受继承。

受遗赠人应当在知道受遗赠后六十日内，作出接受或者放弃受遗赠的表示；到期没有表示的，视为放弃受遗赠。

《建设工程价款结算暂行办法》

第十四条（三）工程竣工结算审查期限

单项工程竣工后，承包人应在提交竣工验收报告的同时，向发包人递交竣工结算报告及完整的结算资料，发包人应按以下规定时限进行核对（审查）并提出审查意见。

工程竣工结算报告金额、审查时间：

要点七：
工程结算的默示认可

1. 500万元以下，从接到竣工结算报告和完整的竣工结算资料之日起20天；

2. 500万元～2000万元，从接到竣工结算报告和完整的竣工结算资料之日起30天；

3. 2000万元～5000万元，从接到竣工结算报告和完整的竣工结算资料之日起45天；

4. 5000万元以上，从接到竣工结算报告和完整的竣工结算资料之日起60天。

建设项目竣工总结算在最后一个单项工程竣工结算审查确认后15天内汇总，送发包人后30天内审查完成。

第十六条第一款　发包人收到竣工结算报告及完整的结算资料后，在本办法规定或合同约定期限内，对结算报告及资料没有提出意见，则视同认可。

《建筑工程施工发包与承包计价管理办法》

第十八条第一款第（一）项、第（二）项、第二款　工程完工后，应当按照下列规定进行竣工结算：

（一）承包方应当在工程完工后的约定期限内提交竣工结算文件。

（二）国有资金投资建筑工程的发包方，应当委托具有相应资质的工程造价咨询企业对竣工结算文件进行审核，并在收到竣工结算文件后的约定期限内向承包方提出由工程造价咨询企业出具的竣工结算文件审核意见；逾期未答复的，按照合同约定处理，合同没有约定的，竣工结算文件视为已被认可。

非国有资金投资的建筑工程发包方，应当在收到竣工结算文件后的约定期限内予以答复，逾期未答复的，按照合同约定处理，合同没有约定的，竣工结算文件视为已被认可；发包方对竣工结算文件有异议的，应当在答复期内向承包方提出，并可以在提出异议之日起的约定期限内与承包方协商；发包方在协商期内未与承包方协商或者经协商未能与承包方达成协议的，应当委托工程造价咨询企业进行竣工结算审核，并在协商期满后的约定期限内向承包方提出由工程造价咨询企业出具的竣工结算文件审核意见……

发承包双方在合同中对本条第（一）项、第（二）项的期限没有明确约定的，应当按照国家有关规定执行；国家没有规定的，可认为其约定期限均为28日。

《安徽省高级人民法院关于审理建设工程施工合同纠纷案件适用法律问题的指导意见》

10.建设工程施工合同约定发包人应在承包人提交结算文件后一定期限内予以答复，但未约定逾期不答复视为认可竣工结算文件的，承包人请求按结算文件确定工程价款的，不予支持。

要点八：

工程欠款利息的计算

一、相关条款

（一）《施工合同纠纷司法解释（一）》第二十五条

1. 具体条款

当事人对垫资和垫资利息有约定，承包人请求按照约定返还垫资及其利息的，人民法院应予支持，但是约定的利息计算标准高于垫资时的同类贷款利率或者同期贷款市场报价利率的部分除外。

当事人对垫资没有约定的，按照工程欠款处理。

当事人对垫资利息没有约定，承包人请求支付利息的，人民法院不予支持。

2. 主旨诠释

本条款是有关施工合同垫资条款的效力及争议处理的原则规定。主要包含以下三个方面的内容：

（1）如果当事人在合同中对垫资和垫资利息作出了明确约定，该约定有效，被法律所认可。唯约定的利息计算标准超过法定利率的部分，法律给予否定评价。

（2）工程垫资款既不同于拆借资金，也不同于一般工程欠款，但若当事人未在合同中约定垫资相关内容，当产生纠纷时，已经发生的垫资一般按工程欠款处理。

（3）如果当事人仅在合同中约定了垫资本金问题，未就垫资期间的利息进行明确，发生纠纷时，当事人支付利息的主张将不被支持。

(二)《施工合同纠纷司法解释(一)》第二十六条

1. 具体条款

当事人对欠付工程价款利息计付标准有约定的,按照约定处理。没有约定的,按照同期同类贷款利率或者同期贷款市场报价利率计息。

2. 主旨诠释

本条款对工程欠款的计息标准进行了规定。主要包含以下两个方面的内容:

(1)工程欠款的利息属于法定孳息,发包人欠付工程价款原则上就应当支付利息。

(2)工程欠款支付利息计算标准遵循以下原则:

第一,有约定从约定,即如果当事人在施工合同中约定了计息标准的,原则上按约定计息,充分尊重当事人的合意。

第二,无约定从法定,如果当事人未在合同中明确工程欠款的计息标准,则按法定利率计息。

(三)《施工合同纠纷司法解释(一)》第二十七条

1. 具体条款

利息从应付工程价款之日开始计付。当事人对付款时间没有约定或者约定不明的,下列时间视为应付款时间:

(一)建设工程已实际交付的,为交付之日;

(二)建设工程没有交付的,为提交竣工结算文件之日;

(三)建设工程未交付,工程价款也未结算的,为当事人起诉之日。

2. 主旨诠释

本条款是有关欠付工程价款利息起算时点的规定。主要包含以下三个方面的内容:

(1)工程欠款应计利息应作广义理解,即欠付工程预付款、欠付工程进度款和欠付工程结算余款均可计算利息。

（2）工程欠款计息时间应分为约定和法定，即当事人对应付时间有明确约定的，计息时间从约定应付时间开始起算，如果当事人对应付时间没有约定的，则按本条规定执行。

（3）欠付工程价款的法定计息时间按如下方式判断：

第一，如果建设工程已经实际交付给发包人，则应付款时间为建设工程交付之日。从此时点开始，如果发包人还未支付工程价款，则可开始计息。

第二，如果建设工程尚未交付给发包人，但承包人已提交竣工结算文件的，则应付款时间为提交竣工结算文件之日。从此时点开始，如果发包人还未支付工程价款，则可开始计息。

第三，如果建设工程未交付，工程结算也未完成，则应付款时间为当事人起诉之日。从此时点开始，如果发包人还未支付工程结算余款，则可开始计息。

二、条款解读

（一）工程欠款利息的法律属性

工程价款从发生顺序的角度而言可包括工程预付款、工程进度款和工程竣工结算余款。因此，发包人按时足额支付工程款的义务应该理解为发包人应按时足额支付预付款、工程款和工程竣工结算余款。根据《施工合同纠纷司法解释（一）》之规定，当发包人未按时足额支付工程款时，除支付工程款本金外，还应当支付欠付工程款的利息。所以，支付工程款利息是以发包人欠付工程款为前提的。因此，工程款利息可能因欠付工程款的形式不同，存在三种情形，即工程预付款利息、工程进度款利息以及工程结算余款利息。

欠付工程款利息的性质是法定孳息。所谓孳息，是指母物所生之收益，在民法学中孳息包括天然孳息和法定孳息。法定孳息是指因法律关系所得到的收益。发包人按期足额支付工程款，承包人才能支付相应建筑材料的货款、机械台班费用以及人工费用，工程施工才得以正常进行。故若发包人未按时足额支付工程款，通常认为欠付工程款已转化为类似于借款的性质，当事人之间形成一种拟制的借贷关系，比照借款合同的债权债务关系我们可以得出，工程款利息归属于法定孳息较为合理。

在商品货币经济中,资金是劳动资料、劳动对象和劳动报酬的货币表现。资金运动反映了物化劳动的运动过程。在这个运动过程中,会创造出新的价值,使得资金经过一定时间后增值,这就是所谓的资金时间价值。衡量资金时间价值的指标主要有相对值的利率和绝对值的利息。所谓利息是占有资金在一定时间内增值的绝对数。所谓利率是单位资金在单位时间的增值数。如果计算利息超过一个单位时间(即计息期)的,就产生"单利"和"复利"的问题。所谓单利是指仅对本金计息,对所获得的利息不再计息。计算公式为:$F=P\times(1+n\times i)$[①]。所谓复利是指不仅本金计息,而且先前周期的利息在后继的周期也要计息。计算公式为:$F=P\times(1+i)^n$。利息则是本金、利率和计息时间的函数。利息的多少由这三个因素所决定。

1. 关于计息本金的问题

如果欠付工程预付款,则计息本金应是施工合同中约定的工程预付款的绝对数。在实务中,当事人往往约定以暂定合同价的一定比率作为工程预付款。如果欠付工程进度款,则计息本金应是经过约定的程序所确定的各时间节点的进度款项。如果欠付工程竣工结算余款,则计息本金应是经确认的竣工结算工程款减去工程预付款和工程进度款后的余额。

2. 关于利息利率的问题

如果当事人对欠付工程价款计息的利率有约定,则从其约定,法律一般不予干涉,唯约定的利率过高,发包人以显失公平为由请求变更的除外。如果承发包双方当事人对欠付工程价款计息的利率没有约定,则按照同期同类贷款利率或者同期贷款市场报价利率执行。

3. 关于计息时间的问题

支付工程款利息是以发包人欠付工程款为前提的。因此,计息的开始时间是工程款应付而未付的时间,计息的结束时间是欠付工程款实际支付的时间。如上所述,工程款利息包括工程预付款利息、工程进度款利息和工程竣工结算余款利息。一般情况下,建设工程施工合同对工程预付款、工程进度款均有明确的

---

① 式中:F——本金与利息之和(简称为本利和);P——本金;i——利率;n——计息期。下同。

约定，且工程预付款和工程进度款发生在施工合同的履行过程中，如果发包人未按约定支付工程预付款或工程进度款，会影响到工程正常施工。所以，一般情况下，发包人欠付预付款和进度款的概率远远低于欠付工程竣工结算余款的概率。故关注工程竣工结算余款的支付时间显得尤为重要。

（二）欠付工程结算余款的计息时间

鉴于承揽合同具有承揽人先履行的特点，法律赋予承揽人以留置权。但因留置权只适用于动产，故对于作为特殊承揽合同的建设工程合同，法律相应赋予承包人以优先受偿权。而价款的支付时点除当事人另有约定外，原则上类比一般承揽合同，仍以移交标的物的时点为准。即竣工结算余款的支付时点有约定从约定，没有约定则按法律规定执行。法定工程竣工结算余款的支付时间如下：

1.若建设工程已实际交付，为建设工程实际交付之日

承包人将通过其劳动及建筑材料物化形成的建筑产品交付发包人，标示着承包人已完成施工合同的主要义务，发包人的合同目的已基本实现。此时，发包人完全可以对其占有和控制的建筑产品进行处分、使用和收益。在这种情况下，发包人推延支付承包人工程竣工结算余款显然有悖于公平。这种情况下，明确工程竣工结算余款的应付时间为交付之日，相对较为公平。故如果工程已实际交付发包人，而发包人尚未支付工程竣工结算余款的，工程竣工结算余款的计息时间从工程交付之日起算。

2.若已提交竣工结算文件但未交付建设工程的，为提交竣工结算文件之日

承包人提交竣工结算文件的前提条件是建设工程经竣工验收合格。而工程竣工验收合格说明承包人已完成施工合同的主要义务，已具备要求发包人支付工程价款的前提。但在实务中，发包人往往会故意推延审核时间以达到延期支付工程结算余款的目的。为督促发包人尽快审核工程结算报告，及时支付工程结算余款，司法解释规定若建设工程没有交付而承包人已提交竣工结算文件的，以提交竣工结算文件之日为发包人支付工程竣工结算余款的时间。

3. 若建设工程既未交付又未完成价款结算的，为提起诉讼之日

实务中，当事人发生争议时，建设工程未完工或虽完工尚未通过竣工验收程序的情况非常普遍。此时的工程结算条件不成熟，无法确定应付工程结算余款的时间，为了避免扩大承包人的损失，平衡承、发包双方当事人的利益，司法解释规定，这种情况下，工程结算余款的支付时间为当事人向法院起诉之日。起诉之日的正确理解，应当是法院立案受理之日。

综上所述，工程竣工结算余款支付时间若没有约定或约定不明确的，应按照以上规定确定付款时间。当然，这种情况下，工程竣工结算余款的确切数额往往尚未确定，但这并不影响最终计算欠付工程款的利息。

（三）工程垫资款利息的规定

在建筑业中经常会出现工程款垫资现象，所谓的工程款垫资是指承包方在合同签订后，不要求发包方先支付工程款或者支付部分工程款，而是利用自有资金或融资资金先进场施工，待工程施工到一定阶段或者工程全部完成后，由发包方再支付垫付的工程款。根据发包方付款的比例和时间，垫资一般可包括带资施工、形象节点付款、低比例形象进度付款和工程竣工后付款等。

根据建设部、国家计委、财政部联合发布的《关于严格禁止在工程建设中带资承包的通知》（建建〔1996〕347号文）中的规定，为防止建设单位转嫁投资缺口，施工单位不正当竞争，干涉国家对固定资产投资的宏观调控和工程建设的正常进行，必须禁止在工程建设中带资承包工程。自此，人民法院在审理施工合同中的垫资条款时，一般认定为企业法人间违规拆借资金的行为，因违反国家金融法规规定而无效，对垫资的利息一般另行制作民事制裁决定书予以收缴。但这一规定经实践检验，并不符合当前建筑市场情况和国际惯例。首先，任何经济制度的基本原则之一是符合市场的经济规律，而禁止垫资的规定与现阶段的建筑市场经济规律并不吻合。事实上该通知在实践中也没有被真正落实。其次，从法律效力来看，人民法院认定合同无效应当以全国人大及其常委会制定的法律和国务院制定的行政法规为依据。三部委的通知不能作为认定合同效力的依据。最后，国际惯例是当代中国法渊源的组成部分，而随着中国经济逐渐融入世界经济之中，尊重国际惯例逐渐成为时代要求，而施工方垫资本就是国际建筑行业的惯例。

最重要的是，建设工程合同作为存在履行顺序的双务合同，其本质就是一个垫资合同。实践中，付款节点安排越密集，进度款支付比例越高，承包人的垫资程度越低，反之则越高。即便施工合同中约定了预付款，通常也需要在两到三个付款节点中通过进度款抵扣完毕，重新恢复到垫资状态。因此，最高院在《施工合同纠纷司法解释（一）》中对垫资合法性的肯定是有充分理论基础和现实必要性的。

综上所述，工程垫资款利息与工程欠款利息的性质存在根本差异。垫资款是承包人与发包人的合意结果，而工程欠款是发包人未按时足额支付工程款的违约后果。

三、建议与提醒

（1）工程欠款计息的利率，总体遵循"有约定从约定，无约定从法定"的原则。但当事人并非可以完全自由地约定该利率，部分地方高院的指导意见中对此作出了限制。

（2）工程欠款起算时间为应付工程价款之日。工程进度款往往在合同中有约定，而工程竣工结算余款支付时间原则上是工程交付之日，合同另有约定的除外。并且，原则上发包人不得以承包人未开具发票为由拒绝支付工程款。

（3）若承、发包双方约定了逾期支付违约金和垫资款利息的支付时间，原则上，诉讼时效从约定支付之日起计算；若承、发包双方没有约定的，诉讼时效原则上从工程结算之日起计算。

（4）法定的工程结算余款支付时间是工程交付之日，但若承、发包双方约定工程结算余款支付时间为工程结算完毕之日，而发包人拖延工程结算的，承包人可以要求发包人从拖延之日起承担利息。

（5）工程款在欠付时本质上就是垫资款。工程款本身无利息，但工程欠款有利息。若合同中特别定义为垫资款，可以约定垫资期间的利息，但不应超过法定利率上限；若没有约定利息，则无利息。若约定的垫资款应当返还而未返还的，此时除了应当支付垫资款的利息外，还应计算逾期未返还的利息。

四、法条链接

《中华人民共和国民法典》

第五百八十四条 当事人一方不履行合同义务或者履行合同义务不符合约定，造成对方损失的，损失赔偿额应当相当于因违约所造成的损失，包括合同履行后可以获得的利益；但是，不得超过违约一方订立合同时预见到或者应当预见到的因违约可能造成的损失。

第五百八十五条 当事人可以约定一方违约时应当根据违约情况向对方支付一定数额的违约金，也可以约定因违约产生的损失赔偿额的计算方法。

约定的违约金低于造成的损失的，人民法院或者仲裁机构可以根据当事人的请求予以增加；约定的违约金过分高于造成的损失的，人民法院或者仲裁机构可以根据当事人的请求予以适当减少。

当事人就迟延履行约定违约金的，违约方支付违约金后，还应当履行债务。

《中华人民共和国政府采购法》

第四十九条 政府采购合同履行中，采购人需追加与合同标的相同的货物、工程或者服务的，在不改变合同其他条款的前提下，可以与供应商协商签订补充合同，但所有补充合同的采购金额不得超过原合同采购金额的百分之十。

《中华人民共和国招标投标法实施条例》

第三十一条 招标人终止招标的，应当及时发布公告，或者以书面形式通知被邀请的或者已经获取资格预审文件、招标文件的潜在投标人。已经发售资格预审文件、招标文件或者已经收取投标保证金的，招标人应当及时退还所收取的资格预审文件、招标文件的费用，以及所收取的投标保证金及银行同期存款利息。

第五十七条 招标人和中标人应当依照招标投标法和本条例的规定签订书面

合同，合同的标的、价款、质量、履行期限等主要条款应当与招标文件和中标人的投标文件的内容一致。招标人和中标人不得再行订立背离合同实质性内容的其他协议。

招标人最迟应当在书面合同签订后 5 日内向中标人和未中标的投标人退还投标保证金及银行同期存款利息。

要点九：

启动价款鉴定的条件

一、相关条款

（一）《施工合同纠纷司法解释（一）》第二十八条

1. 具体条款

当事人约定按照固定价结算工程价款，一方当事人请求对建设工程造价进行鉴定的，人民法院不予支持。

2. 主旨诠释

本条款是关于以固定价形式确定的工程价款不予鉴定的规定。主要包含以下三个方面的内容：

（1）工程施工合同中约定以固定价结算工程价款的，如果明确了风险范围，风险范围内的合同价款不予调整，风险范围外的合同价款按约定调整；如果承、发包双方未明确风险范围，价款风险原则上由承包人承担。

（2）工程施工合同中约定以固定价结算工程价款的，如果明确允许变更承包范围的，在允许变更范围内，其价格不予调整；在允许变更范围外，则对变更部分按约定价格计价。如果没有约定，则按当地建设行政主管部门发布的计价方式或计价标准结算价款。

（3）工程施工合同中约定工程价款的确定形式是固定价的，如果合同当事人申请要求对承包范围内的固定价进行鉴定的，法院不应予以支持。

(二)《施工合同纠纷司法解释(一)》第二十九条

1.具体条款

当事人在诉讼前已经对建设工程价款结算达成协议,诉讼中一方当事人申请对工程造价进行鉴定的,人民法院不予准许。

2.主旨诠释

本条款是关于排除工程价款鉴定启动的规定。除本书其他章节中已阐述的内容外,还应关注以下两方面的内容:

(1)由于工程价款是市场价,应尊重当事人的合意。直接发包的建设工程项目,双方就结算形成有效合意,但一方以该合意与施工合同约定不符要求鉴定,人民法院不予支持。招标发包的建设工程项目,若最终双方就结算形成的合意与招标合意不一致,原则上可以鉴定。

(2)发包人委托的造价咨询单位就承包人递交的结算书进行审价,在出具报告之前,造价咨询单位要求发包人、承包人共同在《结算审定单》中盖章确定,该盖章行为不应认定为承、发包双方对工程价款结算形成有效的合意。

(三)《施工合同纠纷司法解释(一)》第三十条

1.具体条款

当事人在诉讼前共同委托有关机构、人员对建设工程造价出具咨询意见,诉讼中一方当事人不认可该咨询意见申请鉴定的,人民法院应予准许,但双方当事人明确表示受该咨询意见约束的除外。

2.主旨诠释

本条款是关于当事人在诉讼前共同委托有关机构、人员出具造价咨询意见的法律地位的规定。主要包含以下两方面内容:

(1)除非当事人明确表示以共同委托有关机构、人员出具的咨询意见作为双方的结算依据或受其约束,否则"咨询意见"≠"结算协议"。

(2)若当事人没有事前约定也没有事后追认,则共同委托有关机构、人员所出具的审价报告仅为"咨询意见"而非"鉴定意见"。因此，在诉讼中任何一方不认可该咨询意见的均有权要求司法鉴定。

二、条款解读

（一）从工程价款属性理解鉴定的前提

1. 计价方式以合意为准

工程价款属于市场价，其形成的计价方式及计价标准以当事人的合意为准，法律原则上不予干涉。合意形成，当事人就应诚信履行。而所谓鉴定是对有争议的事项进行，若双方对计价方式及计价标准已形成合意，仅对计价结果有争议，可以申请鉴定。如果双方对计价方式及计价标准的约定有争议，原则上应对该合意内容作出法律判断，而不属于可以鉴定的范畴。若双方约定按"固定价"结算，且无变更，则不存在价款争议的空间，如一方要求鉴定，法院不予支持。

2. 合意以最终的合法合意为准

以双方合意为准的真正内容是以双方最终合意为准。只要双方法律关系尚未消失或终止，双方就可以协商变更之前的合意。只要最终合意是合法有效的，就应当遵循。如合意违法，则可能导致无效。如采用招标发包形式签订的施工合同，双方协商改变招标合意的计价方式，法律对此是明确否定的。根据《招标投标法》的相关规定，可能还会受到行政处罚。同时，若计价方式没有改变，但改变或变相改变结算结果的，也是被法律所禁止的。

3. 就总价达成的合意对当事人也有约束力

即便最终合法的合意不是对计价方式的重新合意，而是仅就工程价款总额达成的合意，该合意对当事人也有约束力。就工程价款总额达成的合意大体可以分为以下两种情形：

第一种情形：在合同订立时已对工程价款总额达成了合意，即当事人在合同中约定按照固定价结算工程价款。这种情况不具备启动鉴定的前提，因此，《施工合同纠纷司法解释（一）》第二十八条予以明确否定。

第二种情形：在合同订立时仅明确了工程价款计价方式，当事人根据约定的计价方式进行竣工结算，并在该结算金额基础上磋商形成最终合意，签订了结算协议文件。这种情况根据《施工合同纠纷司法解释（一）》第二十九条之规定也阻却了鉴定程序的启动。

4. 双方合意所对应的工程造价应当是确定的

在实务中，人们通常认为，对于同一建设工程的竣工结算"一百个造价工程师可能会得出一百个审定价"，这其实是对建设工程审定价唯一性的质疑。

"审定价具有唯一性"是我们可以继续讨论的前提。理论上，在一定条件下（即满足同一施工合同、工程签证和委托合同等法律文件以及同一竣工图、工程量清单报价单等技术文件的前提下），审定价必然具有唯一性。不同的造价工程师得出不同的审定价只能说明其各自的准确率不同，距离唯一正确的审定价具有不同的误差。当然，绝对的正确仅是理论层面的，允许误差的前提在于坚信正确的唯一性，故我们不应质疑，更不应否定审定价的唯一性。

若某一竣工结算正确的审定价为一恒定值，设为V_0，而不同的造价工程师得出的最终具体审定价设为V，则V_0与V通常存在一个偏差值，设该偏差值为ΔV，则存在如下恒等式：$V=V_0+\Delta V$。

若$\lim(\Delta V)=0$，则审定价越接近该恒定值，正确率越高。

若$|\Delta V|$越大，则审定价偏离该恒定值越远，正确率越低。

若$\Delta V<0$（即偏差值为负值），则审定价存在瑕疵且少计工程价款。

若$\Delta V>0$（即偏差值为正值），则审定价存在瑕疵且多计工程价款。

构成$|\Delta V|$的原因一般可分为两类：

一类，对关于当事人权利义务定性划分的法律文件存在理解错误而引起的，例如：对于签约前形成的招标投标文件理解有误，对签约时的施工合同理解有误，对履约时形成的各种工程签证、委托结算审价合同等理解有误等。

另一类，对关于当事人权利义务定量计算的技术文件理解错误而引起的，即对各种定额、计算标准、施工工艺、价格信息等取定理解有误所致，例如：对工程量的计算有误，对定额子目的套用有误，对定额含量的调整有误，对建设工程类别的取定有误，对主要材料差价的取定有误，对费率的取定有误等。

（二）审价要求三方签章可否鉴定

发包人（或与承包人共同）委托进行建设工程竣工结算审价的咨询人，在得到初审结论后，往往要求发包人、承包人在《工程审价审定单》（以下简称《审定单》）上签章确认，然后才出具正式《结算审价报告》。

若发包人或承包人之后发现该报告存在瑕疵，通过诉讼方式要求一方返还（或支付）工程价款，为了证明该瑕疵存在，在诉讼时申请进行造价鉴定，另一方往往会以其已在《审定单》中签章确认为由予以反对。那么，《审定单》的三方确认是否属于《施工合同纠纷司法解释（一）》第二十九条所述"当事人在诉讼前已经对建设工程价款结算达成协议"的情形呢？笔者认为，该签章确认行为不应认定为承、发包双方对工程价款结算形成有效合意。

一者，《审定单》是咨询单位在出具审价报告前的程序性要求，虽然承、发包双方均参与审价，但审价结果本质上仍只是咨询单位的工作成果，承、发包人实际并未对《审定单》背后的所有基础内容形成过合意。

二者，若认为承、发包双方在《审定单》上签章构成其对价款的合意，则按《施工合同纠纷司法解释（一）》第二十九条的规定应不予鉴定。这也就意味着，如若该审价报告确实存在瑕疵，则咨询人无需承担责任，三方签章的《审定单》实质上即构成了咨询人法律意义上的免责事由，咨询人永远不会因审价报告的瑕疵承担任何责任。这显然有悖于委托咨询合同签订目的和宗旨，也与《民法典》中关于有偿委托合同的规定相违背。

再者，就咨询业本身角度而言，也违背了其行业准则。咨询业的主要准则有三：独立、科学、公正。其中，独立性原则是首要原则，是科学公正的前提，其体现在咨询人应独立完成咨询工作并独立对其工作成果负责。若认定三方签章的《审定单》构成免责事由，则咨询行业的独立性荡然无存。不仅如此，也会对咨询人理应遵循的科学性产生负面作用。最终也会因三方签章的决定性作用而导致委托方接受不公正的审定。

就主体资质而言，咨询人是由具有专业资格的专业人士所组成的在工程造价领域具有专业资质和特长的专门机构。而发包人则可能来自不同的领域，工程造价审核通常不是其专业所在。若三方签章构成免责事由，则意味着发包人或承包人对已收取咨询费的专业人士的过错"埋单"，这显然有悖于常理。

笔者认为，三方签章不仅不能认定为承、发包双方的合意，事实上这种做法对咨询人也是有弊而无利的。

首先，咨询人设定三方签章程序的出发点可能是为了规避因审价报告出现瑕疵而遭受索赔的风险。但事实上，这种一厢情愿的"免责"并不被法律所认可，实有"掩耳盗铃"之嫌。不仅起不到规避风险的作用，长此以往的"自欺欺人"还会导致咨询人的法律风险意识降低，并最终影响工作成果的质量。

其次，工程竣工移交后，发包人的合同目的原则上已经实现，故此时发包人的强势地位又重新产生。实践中，往往会出现发包人怠于进行竣工结算以拖延支付竣工结算余款的情况。而由于三方签章是出具审价报告的前置条件，故发包人往往通过不予签章的行为来拖延结算。当承包人对此无计可施之时，只会通过诉讼途径主张竣工结算余款。而由于诉讼时的工程价款尚未确定，法院往往会对工程造价进行司法鉴定。此时，通常意味着咨询人所有的工作成果有可能付之东流。

再次，若合同未约定支付竣工结算余款以工程竣工结算完毕为前提，且承包人对发包人就工程价款承担的法律责任知之甚详，则承包人完全知道其不在《审定单》上签章不会影响其取得价款。而由于三方签章程序在某种程度上使得咨询人的工作节奏被承、发包人控制，因此，承发包人完全可以通过把控"签章与否"来控制节奏，使咨询人遭受的各方压力持续增大，从而迫使咨询人不得不牺牲审定价的准确度以缓解自身压力。

从次，咨询人在要求三方签章之时，审价报告的实质意义理论上已不复存在，发包人或承包人需要最终的审价报告仅存在形式上或程序上的意义。当发包人或承包人没有这一形式要求时，完全可通过"私了"的方式完成结算。此时，咨询人不仅利益得不到保证，连维权都将处于被动境地。

最后，建设工程合同是特殊的承揽合同，具有一定的人身性。同时，因为建设工程项目投资额庞大及不确定性，发包人和承包人串通侵占国有资产或损害公司利益的行为可能性也随之增大。而三方签章程序，剥夺了咨询人的独立性，给承、发包人对工程造价串通造假提供了途径，此时已不仅仅是对咨询人利益的损害，也可能为此触犯《刑法》。

（三）价款鉴定前提的正确理解

法律对工程价款的"干涉"只有两点，即约定的造价不得低于成本价；造价中措施费不得参与竞争。而"按中标合意计价"则是《招标投标法》第四十六条在施工合同结算中的具体强调。所以，只要承、发包双方的合意合法，就应执行。鉴定首要前提是存在争议，且该争议必须是专业性问题，需要专业人员提供意见。因此，仅在就专业问题有争议的前提下才有必要进行鉴定。

1."固定价结算"签约时已经合意

承、发包双方就工程价款约定按固定价进行结算的，即便一方在诉讼中不同意该固定价并提出异议，原则上也不会启动鉴定程序。固定价的本质就是在合同签订时双方就已将基础价格的风险分配完毕，而"固定总价"则不仅是在合同签订定时双方将基础价格的风险分配完毕，而且就计量的风险也分配完毕。固定价的特点是"合同造价与成本造价无关"，当事人在签约时已经将合同造价通过合意固定完成，故不存在鉴定的前提。

退而言之，即便鉴定，鉴定对象是什么呢？合同造价已通过合意固定，不存在异议。强行鉴定则只能鉴定成本造价，而固定价的合同造价与成本造价无关，则会产生通过鉴定改变承、发包双方合意的情形。固定价合同只有当承包人履行义务与承包范围不一致时，才可能启动鉴定。而不一致主要分为两种：其一是超出承包范围，例如工程变更增加工程量的，若双方对工程变更部分的价款没有合意或不能达成合意，可以就增加部分进行鉴定；其二是小于承包范围，如工程变量的减少、合同被解除、履行过程中合同被认定为无效等。

2.审价要求三方签章不可视为合意

如前所述，三方签章是审价单位要求的，而不是承发包双方充分磋商后形成的合意，也不是双方的主动行为，且其出具的审价报告本质上是有资质的专业机构的工作成果，故不存在也不可能是双方的合意结果。因此，通常不认为是承包人与发包人对价款的合意。所以，《施工合同纠纷司法解释（一）》关于"双方合意不得鉴定"与"审定单上三方签章可以鉴定"并不矛盾。

但需要注意的是，若在审价过程中出现不明确的价格或签证需要承、发包双方确认的，经双方确认后，该"确认"应当认定为双方合意，即在由第三方审价的情况下，双方对总价款的签章不认为是合意，但对具体子项的确认应当认定为双方合意。

3."咨询意见"≠"结算协议"

《施工合同纠纷司法解释（一）》第三十条核心在于，承发包双方共同委托的造价咨询单位出具的审价报告原则上不认为是双方的结算协议。其作为纯粹的咨询报告，根据双方意愿，可能产生以下不同后果：

第一种情况是充分采信审价报告，即将该审价报告作为承、发包双方的结算协议予以采信，即"咨询意见=结算协议"。具体做法有两种：

（1）事先约定。双方在施工合同中或者在共同委托造价咨询单位的委托合同中明确审价报告可视为双方的结算协议。

（2）事后确认。双方虽没有在施工合同或审价委托合同中确认审价报告性质，但双方在审价报告出具后以口头或行为将其视为双方结算协议。

第二种情况是参考使用该报告，即在没有事先约定或事后确认的情况下，审价报告出具后，承、发包双方在参考该审价报告的基础上，重新就工程价款的结算达成合意并签订协议。

第三种情况是彻底否定审价报告，即在没有事先约定的情况下，承、发包双方事后也没有达成任何工程价款的结算协议。此时，审价报告对于结算协议的效力被彻底否定。

三、建议与提醒

（1）《工程造价咨询合同》示范文本以及其他有关行政文件、政府规章对于合同价款属于市场价的定性并非一定坚定，对于审价报告仅是咨询报告的性质也并非一定明确。因此，如能修改示范文本及其他文件的相应条款，明确审价报告仅是咨询报告的理念基础，将更便于法律理念与行政管理相匹配，避免不必要的误解和矛盾。

（2）由于三方签章的行为系应咨询单位要求作出的，且是出具审价报告的前行为。故司法实践中，不会因有三方签章而将审价报告定性为结算协议。因此，建议取消审定单必须由三方签章的要求。

（3）依据《施工合同纠纷司法解释（一）》第三十条的规定，只要一方不认可诉前咨询报告而申请鉴定的，人民法院就应当准许。且实践中，多数审价报告是由发包人单方委托的造价咨询单位作出，故今后司法鉴定的数量势必增多。因此，司法鉴定人员的法律意识和业务水准显得尤为重要。

（4）审价报告的本质是咨询意见，而非结算协议。而在实务中，当事人往往倾向于认为审价报告带有一定的结算性质。因此，有必要建立起"审价报告"≠"结算协议"的概念，同时调整以往工作中的不当做法。

（5）虽然审价报告定性为咨询意见，但审价报告是在发包人与承包人共同参与下形成的，其中有些问题可能已被发包人和承包人确认过，已经具有了结算性质，例如，工程量的核对、某一签证的单价等。因此，需要注意的是，审价报告不能视为结算协议并不意味着对审价报告的全盘否定。

四、法条链接

《中华人民共和国价格法》

第三条第一款 国家实行并逐步完善宏观经济调控下主要由市场形成价格的机制。价格的制定应当符合价值规律，大多数商品和服务价格实行市场调节价，极少数商品和服务价格实行政府指导价或者政府定价。

> **简要归纳**：本条款是关于当代中国价格体系的规定。主要内容包括：当代中国的价格体系由市场价、政府指导价和政府定价构成。其中，绝大部分价格是市场定价，即：由市场根据供求关系、替代原则从而达到与价值匹配的价格。

《中华人民共和国建筑法》

第十八条第一款 建筑工程造价应当按照国家有关规定，由发包单位与承包单位在合同中约定。公开招标发包的，其造价的约定，须遵守招标投标法律的规定。

> **简要归纳：** 本条款是关于工程造价如何确定的规定。主要内容包括：建筑工程造价是市场价，由承发包双方合意形成，但合意必须合法才能有效。

《中华人民共和国民事诉讼法》

第六十四条　当事人对自己提出的主张，有责任提供证据。

当事人及其诉讼代理人因客观原因不能自行收集的证据，或者人民法院认为审理案件需要的证据，人民法院应当调查收集。

人民法院应当按照法定程序，全面地、客观地审查核实证据。

> **简要归纳：** 本条款是关于证据责任分配的规定。主要包含以下三方面内容。
>
> （1）除非法律有明确举证责任倒置的规定，一般情况下，遵循"谁主张，谁举证"原则，法院不主动进行收集证据。
>
> （2）法院收集证据有两种情况：
> ①有举证责任的当事人客观上不能收集；
> ②法院认为需要该证据。
>
> （3）任何证据均需要进行法定程序以审查核实质证，否则不能称为法律意义上的证据。

《最高人民法院关于民事诉讼证据的若干规定》

第四十条　当事人申请重新鉴定，存在下列情形之一的，人民法院应当准许：

（一）鉴定人不具备相应资格的；

（二）鉴定程序严重违法的；

（三）鉴定意见明显依据不足的；

（四）鉴定意见不能作为证据使用的其他情形。

存在前款第一项至第三项情形的，鉴定人已经收取的鉴定费用应当退还。拒不退还的，依照本规定第八十一条第二款的规定处理。

对鉴定意见的瑕疵，可以通过补正、补充鉴定或者补充质证、重新质证等方法解决的，人民法院不予准许重新鉴定的申请。

重新鉴定的，原鉴定意见不得作为认定案件事实的根据。

> **简要归纳：** 本条款是关于需要重新鉴定的规定。首先，审查确定并委托有鉴定资格的机构和人员进行鉴定。其次，鉴定程序严重违法一般指违反鉴定程序可能影响鉴定的真实性、合法性和准确性。

要点十：

鉴定的举证和质证

一、相关条款

（一）《施工合同纠纷司法解释（一）》第三十二条

1. 具体条款

当事人对工程造价、质量、修复费用等专门性问题有争议，人民法院认为需要鉴定的，应当向负有举证责任的当事人释明。当事人经释明未申请鉴定，虽申请鉴定但未支付鉴定费用或者拒不提供相关材料的，应当承担举证不能的法律后果。

一审诉讼中负有举证责任的当事人未申请鉴定，虽申请鉴定但未支付鉴定费用或者拒不提供相关材料，二审诉讼中申请鉴定，人民法院认为确有必的，应当依照民事诉讼法第一百七十条第一款第三项的规定处理。

2. 主旨诠释

本条第一款是关于人民法院的释明责任及当事人就应申请鉴定的专门性问题的举证责任及法律后果的规定。本条第二款是关于一审时未申请鉴定，二审时应如何处理的规定。主要包含以下两方面内容：

（1）负有举证责任的当事人应当主动申请鉴定。若当事人在一审中未申请鉴定，二审中又申请鉴定的，二审法院可以根据查明事实的需要，确定是否具有鉴定的必要，并依照《民事诉讼法》第一百七十条第一款第三项之规定，发回原审人民法院组织相关鉴定，或在二审中启动鉴定程序。但是，司法实践中其实还存在诸多不确定的问题——究竟何种情况属于"确有必要"应当鉴定？鉴定程序是在二审阶段直接开展还是发回一审法院进行？如在二审阶段开展是否会损害当事人的上诉权？司法解释对此均未明确，还有待我们在实务中进一步探索。

（2）负有举证责任的当事人没有申请鉴定的，人民法院具有释明的责任。若经释明后，当事人仍未申请鉴定，或虽申请鉴定但未支付鉴定费用或者拒不提供相关材料的，应自行承担举证不能的法律后果。

（二）《施工合同纠纷司法解释（一）》第三十三条

1. 具体条款

人民法院准许当事人的鉴定申请后，应当根据当事人申请及查明案件事实的需要，确定委托鉴定的事项、范围、鉴定期限等，并组织当事人对争议的鉴定材料进行质证。

2. 主旨诠释

本条款是关于人民法院准许鉴定后应当注意的事项的规定。主要包含以下两方面内容：

（1）人民法院准许当事人提出的司法鉴定申请后，由人民法院根据当事人的申请和查明案件的需要确定鉴定事项、范围、鉴定期限等。

（2）有争议的鉴定材料（当事人在提起诉讼时未必作为证据提交，但进行具体鉴定工作时必需的材料，如投标报价清单、竣工图纸、施工过程中的工程联系单等）应当在人民法院组织下进行质证，保证鉴定所依据的材料均应符合证据的三性（真实性、合法性和关联性）要求。

二、条款解读

（一）鉴定的内容应为发包人应付的工程价款

笔者认为，建设工程中的价款可分为工程价款和成本价款。"工程价款"是指承包人保质完成建设工程后发包人应付的对价；而"成本价款"则是指承包人为了取得工程价款而保质完成建设工程所花费的成本和费用。工程造价鉴定主要是基于施工合同纠纷而发生，因此，法院在确定造价鉴定内容时，应当注意以下几个问题：

1.造价鉴定的内容应当是发包人应付的"工程价款"

工程价款作为市场价相较于成本价款而言，除均受具体项目的技术参数影响外，更主要受工程发包形式、市场供求关系、承发包双方的博弈技巧等的影响。其本质是承、发包双方合意的结果，只要该合意合法有效，一旦承包人按时保质地完成建设工程，发包人就应当支付双方约定的工程价款。由于工程价款的专业性和不确定性，其在建设工程合同中以计价方式、确定形式、结算方式等形式予以锁定，但并不影响其法律性质。

而成本价款则更主要受承包人的管理水平、技术水准等所制约，并最终以其与第三方就人工、材料、机械等签订的合同以及内部管理成本所反应，是承包人的内部价款，原则上与施工合同纠纷没有关联。

工程价款是双方合意的结果，约束承、发包双方。而成本价款则是一方内部成本和费用支出的客观事实，原则上只能影响承包人一方。从理论上而言，二者彼此独立，互不干涉。就建设工程合同而言，承包人要求发包人支付的只能是工程价款，不可能是成本价款。

2.造价鉴定的内容不应当是承包人已完工程的"成本价款"

造价鉴定的内容是发包人的"应付数额"，而应付数额与承包人已完工程的"成本价款"并不完全等同，原因如下：

首先，存在计量风险承担的问题。例如：当事人在合同中约定固定价固定在施工图纸中，而清单报价的计量风险由承包人承担，则可能出现某一子项承包人实际已施工完成，而发包人不应支付的情形。

其次，存在适当履行的问题。例如：承包人擅自提高技术参数的规格或尺寸，虽然其实际已施工完成，但从合同角度而言，也是一种违约行为。发包人不仅不应支付超规格或超尺寸部分的价格，而且有权要求承包人承担违约责任。

通常情况下，工程价款应当大于成本价款，但也有可能存在工程价款小于成本价款的情况。对于后者，只要合同订立时的工程价款不低于承包人当时的成本价款，就应当认定为正常的商业风险。

3. "固定价不予鉴定"的本质是防止鉴定成本价款

《施工合同纠纷司法解释（一）》第二十八条规定的"固定价不予鉴定"，其本质就是防止在施工合同纠纷中鉴定成本价。

首先，该规定的实质是从正面强调应当尊重当事人对固定价的合意。在建设工程施工合同中，承、发包双方选择何种价款确定形式完全由当事人自行决定。其次，通常承包人要求打开"包死价"进行鉴定的动机往往是建筑材料等成本价格的上涨。在这种情形下，如果通过鉴定"成本价款"来得到改变发包人应付的"工程价款"的结果无疑是为本应由承包人自行承担的商业风险兜底，显然有悖于诚信原则、公平原则。

通常工程价款的司法鉴定是基于承发包双方应付的工程价款有争议而提出的，因此，应当鉴定的是发包人应付的工程价款而不是鉴定承包人为完成建设工程的成本造价。

（二）鉴定质证应注意的问题

鉴定事项是指当事人争议中的一些专门性问题，通过举证无法达到高度盖然性的证明标准，必须由专业人员作出专业性判断的争议项目。若没有争议，或有争议但可依据各方提供的证据由法院查明案件事实并做出判断的则无须鉴定。因此，鉴定往往在专业性较强的诉讼中存在，而施工合同纠纷则恰属此类。施工合同纠纷中常见的专业性问题如就工程质量、工程价款、工期等产生的争议，而针对此类争议所作的鉴定又可细分为大量具体内容。

鉴定意见作为民事诉讼八大类证据之一，理应与其他证据一样，经法庭质证才能作为定案依据。但是，鉴定意见与其他证据的质证也有所区别。其他证据往往只需进行一次质证，而鉴定意见是在鉴定材料的基础上由专业人员作出的专业结论，故需先对鉴定材料进行质证，在鉴定材料符合证据要件的前提下，再对据此作出的鉴定意见进行质证。

鉴定材料的质证应当包括两部分：第一部分是当事人在诉讼时提交的与鉴定有关的证据材料，如施工承包合同、竣工结算报告等；第二部分是法院准许鉴定后，当事人提交的与鉴定有关的延伸证据材料，如招标投标文件、竣工图纸、工程指令、技术核定单、工程量确认单、工程例会纪要、工程变更签证、证明索赔事件存在的证据、证明索赔费用存在的证据等。对鉴定材料的质证除了围绕其证据三性（真实性、合法性和关联性）展开外，还应注意以下三个问题：

1. 应当由人民法院组织进行

质证一定是由人民法院组织进行。人民法院也可以要求鉴定人员参加，以便了解当事人对证据材料的质证意见。原则上，上述两部分证据材料均需要质证，尤其要注意延伸证据材料的质证。延伸证据材料通常是指为了证明诉讼中提交的结论性证据而提供的过程性证据材料。例如：当事人通过递交的竣工结算书和发包人的签收单来证明其主张的竣工结算价款，则延伸证据材料可能包括竣工图、工程签证、工程例会纪要等。实践中，延伸证据通常在确定鉴定单位后当事人根据鉴定单位开列的清单直接向鉴定单位提供。但鉴于该部分证据材料的质证必须在法院组织下进行，为了提高效率，可以当庭质证结合书面质证的方式进行。若延伸证据未经过质证，则应在第二次质证中补充。经补充质证认为不符合证据要件或不能作为鉴定依据的，则据此出具的鉴定意见应进行更正。

2. 法律定性问题应由人民法院作出

由于建设工程具有复杂性和动态性，且相关强制性规定较多，因此，证据材料的法律定性也显得尤为重要。例如：当事人提供数份计价方式不同的施工合同如何选择；工程签证或索赔签证的有效性等问题。

法律定性问题必须由人民法院作出认定，这是第一道质证程序。若法院不在该道质证程序中予以明确，则可能出现两种情况：第一，由鉴定人作出认定并以此为据出具最终鉴定意见；第二，鉴定人作出不同认定的鉴定意见。第一种情况显然存在"以鉴代审"的错误；第二种情况则默认两者之中存在"正确认定"，而即便确实存在"正确认定"，也会使鉴定时间拖长、浪费不必要的社会资源。

第二道质证程序则是针对鉴定意见的质证，其应具备以下特点：

（1）对"鉴定范围和内容"进行质证

首先应当明确，"鉴定范围"和"鉴定内容"是两个不同的概念。"范围"是空间概念；而"内容"是实质概念。同样的鉴定范围，可能存在不同的鉴定内容，其鉴定结果通常也不尽相同。因此，我们应当注意：鉴定申请书中的表述与当事人的意思是否一致？与法院向鉴定单位出具的委托鉴定书中的表述是否一致？鉴定人是否能够理解领会？是否能在后续出具的鉴定意见中正确适当地体现？在第二道质证程序中若发现鉴定意见超出委托鉴定范围或鉴定内容的，应要求鉴定单位更正，否则该鉴定意见将不能被作为认定案件事实的依据。

（2）结合"证据三性"进行质证

在对鉴定范围和内容进行质证后，已基本解决了"关联性"问题。而对于法院委托的鉴定，其"真实性"通常应不存在问题。则剩下的就是对于"合法性"的质证。而合法性问题主要集中在主体是否适格上。通常鉴定单位主体资格不适格的情况较少，故应主要关注具体进行鉴定的鉴定人员是否具有相应资格，以及鉴定程序是否合法完备等问题。

（3）可能对第一道质证程序作出补充质证

鉴定意见存在两道质证程序，但基于各种原因实务中往往会忽略第一道质证程序。因此，可能会出现在对鉴定意见质证时对于第一道程序进行补充质证的情况。若补充质证后发现问题的，可以要求鉴定单位对鉴定意见进行更正或补充鉴定，或者通过"专家证人"出具证言的形式予以更正。若原鉴定单位拒绝更正，法院甚至可以委托其他鉴定单位重新鉴定。

（三）不同计价方式鉴定注意要点

根据基础价格风险分配方式的不同，工程价款可分为固定价和可调价。可调价将基础价格风险约定按某种形式动态分担，而固定价则将基础价格风险在订立合同时分配完毕，计量风险也一并分配完毕。这两种计价方式，在鉴定发包人应付工程价款时各有其特点。

1. 可调价鉴定中费率的取定应"遵从本意"

（1）现状概述

当合同中约定造价以当地工程造价管理部门出具的定额确定时，如果由于发包人的违约行为导致承包人要求解除合同，则造价鉴定中往往包括已完工程造价、实际损失中临时设施费、预期利润。通常情况下，鉴定单位往往是以双方签订的施工合同中约定的承包范围内的工程规模来确定工程类别，从而决定其费率并进行已完工程造价鉴定。而临时设施费则以当事人提供的证据"按实鉴定"。预期利润往往会被认为没有实际发生而不予鉴定。

(2) 建议方式

笔者认为，在建工程的工程价款应当以已完工程规模相应的工程类别来取定费率；临时措施费和预期利润则以合同约定的承包范围所对应的工程规模相应的工程类别取定费率予以计算。

(3) 主要理由

1) 对已完工程造价的鉴定

根据法律相关规定，无论何种原因解除建设工程施工合同，对于承包人已完成且符合质量要求的工程，发包人均应按约定支付相应的工程价款。定额费率是以工程规模大小将建设工程分为不同类别，从而设定不同比率使工程规模与造价费率相匹配，以达到实际公平的社会效果。而承包范围工程规模对应的类别是以全部完成的建设工程为前提的。但合同解除的情况下，通常仅仅完成部分工程，可能存在承包范围的工程规模与已完工程规模对应的工程类别不一致的情况。故在鉴定已完工程造价时，若教条地按施工合同中的承包范围进行费率套用是不合理、不科学的，更与设定工程类别的宗旨相违背。只有根据已完工程的规模取得工程类别，才能将工程施工过程中直接耗费的构成与定额费率相匹配。

2) 对措施费的鉴定

按照行业惯例，通常承包人进场施工前是按施工合同承包范围的规模和要求建设临时设施的。因此，若由于发包人的违约致使合同解除，承包人往往会要求发包人承担除已完工程造价已包含部分之外的临时设施费。若双方约定按定额结算工程价款时，只要承包人完成符合约定要求的建设工程，发包人就应当支付按定额结算的工程价款。笔者认为，对于临时设施措施费的鉴定，原则上不存在"按实结算"，即承包人无须承担举证证明已完成临时设施费用实际花费情况的义务。在合同中，双方已经约定按相应定额进行结算，就意味着双方均同意该部分的费用由发包人支付，故不以承包人是否实际支出为前提。综上，鉴定对象应是发包人按约定应当支付的费用而非承包人实际花费的费用。

3) 对预期利润的鉴定

根据法律的相关规定，因一方违约导致合同解除的，违约方应当赔偿因此给对方造成的损失。该损失包括实际损失和预期利润。因发包人违约被承包人解除建设工程施工合同将造成承包人的预期利润不能取得。而由于双方约定按定额计价，在定额费率表中有相应利润率。因此，发包人应当承担赔偿承包人预期利润的损失。

2. 固定价在建工程应"按真实合意鉴定"

（1）现状概述

如果工程价款以固定总价形式确定，当施工合同解除，若质量符合要求，发包人应当支付已完工程的工程价款。因此，一方要求鉴定已完工程价款应当被允许。而由于固定总价的计价方式并不常被强调，且工程量清单与施工图纸的对应也可能存在差异等原因，在鉴定固定总价的在建工程时，鉴定单位往往本着"实事求是"的精神，"价按定额、量按实际"进行"按实结算"。

（2）建议方式

笔者认为，在建工程的工程造价鉴定应在固定总价的基础上扣除未完工程量所对应的工程造价再加上工程变更确认的追加工程价款，即在建工程的工程造价＝固定价款－未完工程量的价款＋工程追加合同价款。

（3）主要理由

固定价在签约时已通过具体数据的方式将风险分配完毕，即无论承包人为取得该工程造价花费多少成本价款，发包人支付的工程价款都是恒定的。而可调价则是在签约时通过一定计量规则和抽象的费率将风险分配完毕，即承包人取得工程价款是以成本价款为基础的，且计价方式与价额确定方式在某种意义上是统一的。因此，可调价的在建工程鉴定容易做到尊重合意，反映法律事实；而若固定价的在建工程鉴定以"按实结算"的思路进行，笔者认为其中至少存在以下三个问题：第一，无形中将约定的"固定总价"改变为"可调价"，也势必无形中将投标时工程量计算误差的风险进行转移；第二，无形中将承包人可能未按图施工的瑕疵责任予以免除且合法化；第三，有可能将已实际完成的，但根据法律规定或双方约定缺乏合法要件而不应计价的部分予以计价。

综上所述，最高院为了防止以这种所谓的"按实结算"打破双方合意，使得客观事实代替法律事实的情况，故在司法解释中明确规定"固定价不予鉴定"。但由于固定价的在建工程必须鉴定，因此，笔者认为应当鉴定未完工程价款，然后以固定总价扣除未完工程价款的方式才是真正体现当事人的真实意思。

3. 超标子目价款首先应"遵循法理"

（1）现状概述

若在工程竣工结算时，双方对结算价款存在纠纷从而进行诉讼的，在鉴定过程中，往往会出现超规格或超尺寸的情况。针对此种情况，鉴定单位往往本着"实事求是"的精神对超标施工的子目进行"按实结算"。例如：施工图和预算书等技术资料中要求某种钢筋的规格是22mm，而竣工图和结算书等技术资料中为25mm。承包人确实按25mm的标准施工，并且也没有发包人的工程变更单，则通常鉴定机构会以25mm"按实鉴定"。

（2）建议方式

笔者认为，若没有发包人签发的工程变更的合法证据，鉴定机构应按照施工图和预算书等技术资料中所标示的22mm进行鉴定，而不应按照竣工图和结算书等技术资料所显示的25mm进行鉴定。

（3）主要理由

首先，从鉴定目的而言，竣工结算纠纷的本质是关于"发包人应付承包人多少工程价款"的纠纷，故其造价鉴定寻求的是"根据双方合同约定，发包人应付承包人多少工程价款"而非"承包人实际完成的成本价款"。

其次，从建筑学的角度而言，钢筋从22mm变为25mm并非一定有利于建设工程质量。相反，结构设计需要考量诸多因素从而达到整体平衡。每一细微数据的取定均是在其他诸多数据的前提下进行的；每一数据的改变会影响其他数据，从而影响整个体系。也因此，《建筑法》明确要求，承包人的主要义务是按图施工。

最后，从法律的角度而言，将22mm变为25mm本质上也是一种违约行为。所谓的"违约"包括未履行约定义务，也包括虽履行约定义务，但履行不符合约定要求。若鉴定时按22mm计算已可视为不予追究承包人的违约责任，若进一步按25mm进行鉴定计算，则等同于将违约行为合法化，承包人因违约行为而获利，这是法律所不允许的。

三、建议与提醒

（1）若建设工程施工合同纠纷诉讼未涉及判断工程价款是否低于成本价款，通常造价鉴定对象是基于双方合意的工程价款，而不可能是基于一方管理水平和技术水准的成本价款。

（2）评判合同是否公平的时间节点必须是在双方当事人形成确立权利和义务

的合意时,即在当事人订立合同时,而绝非在合同履行过程中或履行完毕后。如果对这一点不予明确,将会使商业风险与公平原则混为一谈,以追求公平为名导致真正的不公平。

(3)对鉴定意见的质证,除了就其三性质证之外,还应关注"正确性"。例如:工程量计算是否有误、定额套用是否有误、单价调整是否有误、费率取定是否有误等。同时,受制于时间和场所局限,部分数据的质证效果往往不太理想。因此,笔者建议当事人应重视鉴定过程的跟踪,将部分定量的问题尽可能在过程中解决;若实在不能解决,质证时应简要说明问题,尽可能辅以图表等。

(4)当合同中约定以定额计算工程价款时,应明确只要建设工程符合要求,定额中包括的所有内容均是发包人应当支付的。原则上,承包人对此无需举证证明是否实际发生。

(5)当事人在约定以固定价方式(尤其是固定总价)确定合同价款时,尽可能同时明确计价方式、预期利润、计量误差风险的承担主体,并同时引入进度款与应付款的概念,以防止合同不正常终止,在计算已完工程造价、预期利润等时产生困难。

(6)若承包人出现超规格或超标准的施工,发包人首先应当向鉴定单位和法官明确其行为属于违约行为。即便发包人未提出反诉也不等同于认可该行为的合法性。发包人应坚决要求按施工图规格或标准进行鉴定。

四、法条链接

《中华人民共和国民事诉讼法》

第六十四条 当事人对自己提出的主张,有责任提供证据。

当事人及其诉讼代理人因客观原因不能自行收集的证据,或者人民法院认为审理案件需要的证据,人民法院应当调查收集。

人民法院应当按照法定程序,全面地、客观地审查核实证据。

> **简要归纳**：本条款是关于证据责任分配的规定。主要包含以下三个方面的内容。
>
> （1）除非法律有明确的举证责任倒置的规定，一般情况下，遵循"谁主张，谁举证"的原则，人民法院不主动调查收集证据。
>
> （2）人民法院收集证据有两种情况：
>
> ①有举证责任的当事人客观上不能收集；
>
> ②人民法院认为案件审理需要该证据。
>
> （3）任何证据均需要通过法定程序进行审查核实质证，否则不能称为法律意义上的证据。

第六十五条 当事人对自己提出的主张应当及时提供证据。

人民法院根据当事人的主张和案件审理情况，确定当事人应当提供的证据及其期限。当事人在该期限内提供证据确有困难的，可以向人民法院申请延长期限，人民法院根据当事人的申请适当延长。当事人逾期提供证据的，人民法院应当责令其说明理由；拒不说明理由或者理由不成立的，人民法院根据不同情形可以不予采纳该证据，或者采纳该证据但予以训诫、罚款。

第七十六条 当事人可以就查明事实的专门性问题向人民法院申请鉴定。当事人申请鉴定的，由双方当事人协商确定具备资格的鉴定人；协商不成的，由人民法院指定。

当事人未申请鉴定，人民法院对专门性问题认为需要鉴定的，应当委托具备资格的鉴定人进行鉴定。

第一百七十条 第二审人民法院对上诉案件，经过审理，按照下列情形，分别处理：

（一）原判决、裁定认定事实清楚，适用法律正确的，以判决、裁定方式驳回上诉，维持原判决、裁定；

（二）原判决、裁定认定事实错误或者适用法律错误的，以判决、裁定方式依法改判、撤销或者变更；

（三）原判决认定基本事实不清的，裁定撤销原判决，发回原审人民法院重审，或者查清事实后改判；

（四）原判决遗漏当事人或者违法缺席判决等严重违反法定程序的，裁定撤销原判决，发回原审人民法院重审。

原审人民法院对发回重审的案件作出判决后，当事人提起上诉的，第二审人民法院不得再次发回重审。

《最高人民法院关于适用〈中华人民共和国民事诉讼法〉若干问题的解释》

第一百零一条　当事人逾期提供证据的，人民法院应当责令其说明理由，必要时可以要求其提供相应的证据。

当事人因客观原因逾期提供证据，或者对方当事人对逾期提供证据未提出异议的，视为未逾期。

第一百零二条　当事人因故意或者重大过失逾期提供的证据，人民法院不予采纳。但该证据与案件基本事实有关的，人民法院应当采纳，并依照民事诉讼法第六十五条、第一百一十五条第一款的规定予以训诫、罚款。

当事人非因故意或者重大过失逾期提供的证据，人民法院应当采纳，并对当事人予以训诫。

当事人一方要求另一方赔偿因逾期提供证据致使其增加的交通、住宿、就餐、误工、证人出庭作证等必要费用的，人民法院可予支持。

《司法鉴定程序通则》

第十四条　司法鉴定机构收到委托，应当对委托的鉴定事项进行审查，对属于本机构司法鉴定业务范围，委托鉴定事项的用途及鉴定要求合法，提供的鉴定材料真实、完整、充分的鉴定委托，应当予以受理。

对提供的鉴定材料不完整、不充分的，司法鉴定机构可以要求委托人补充；委托人补充齐全的，可以受理。

> **简要归纳**：本条款是关于鉴定机构可以受理的规定。主要包含以下三方面内容：
> （1）鉴定机构受理要求鉴定事项的用途合法、送鉴材料真实完整和充分；

(2)若鉴定事项的用途合法，但鉴定材料不完整，经补充齐全后受理；
(3)若鉴定事项的用途不合法，则不予受理。

《最高人民法院关于民事诉讼证据的若干规定》

第三十四条　人民法院应当组织当事人对鉴定材料进行质证。未经质证的材料，不得作为鉴定的根据。

经人民法院准许，鉴定人可以调取证据、勘验物证和现场、询问当事人或者证人。

> 要点十一：

工程鉴定的规范和补正

一、相关条款

（一）《施工合同纠纷司法解释（一）》第三十四条

1. 具体条款

人民法院应当组织当事人对鉴定意见进行质证。鉴定人将当事人有争议且未经质证的材料作为鉴定依据的，人民法院应当组织当事人就该部分材料进行质证。经质证认为不能作为鉴定依据的，根据该材料作出的鉴定意见不得作为认定案件事实的依据。

2. 主旨诠释

本条款是关于鉴定意见质证和对未经质证但作为鉴定依据的材料进行补充质证的规定。主要包括以下两部分：

（1）法院应当组织当事人对鉴定意见进行质证，原则上，未经质证的鉴定意见不得采信。当事人对鉴定意见提出异议的，鉴定人应当就当事人的异议做出答复。如人民法院经审查后认为异议成立的，鉴定人应根据人民法院的要求补充鉴定或对鉴定意见进行调整。

（2）在《施工合同纠纷司法解释（一）》第三十三条中明确需要对争议的鉴定材料进行质证后，在本条中强调在对鉴定意见进行质证时，可以对未经质证但作为鉴定依据的材料进行补充质证。补充质证的结果大体可分为两种情形：

第一种情形是，该部分鉴定材料符合证据三性要求，则此时经过质证的鉴定意见可以采信。

第二种情形是，该部分鉴定材料不符合证据三性要求，不能作为鉴定依据时，则依据该材料作出的鉴定意见原则上不能采信。

（二）《施工合同纠纷司法解释（一）》第三十一条

1. 具体条款

当事人对部分案件事实有争议的，仅对有争议的事实进行鉴定，但争议事实范围不能确定，或者双方当事人请求对全部事实鉴定的除外。

2. 主旨诠释

本条款是对鉴定范围的限制性规定。主要包括以下两部分内容：

（1）出于节约诉讼时间、成本，提高诉讼效率的考量，我们在鉴定中应当确立的原则是，能不鉴定则不鉴定；必须鉴定的，尽可能减少鉴定次数、缩小鉴定范围。

（2）确定鉴定范围的原则是"争议什么，鉴定什么"，即仅就当事人的争议部分进行鉴定。即便是双方当事人一致要求就全部事实进行鉴定或争议事实范围不能确定的情况，其本质仍是因为存在争议。若双方当事人就某些事实已经确认，一方要求鉴定的，人民法院不予支持。例如：工程造价发生纠纷，若工程量已经双方确定，仅就单价存在争议，则应当仅就单价进行鉴定；若承包范围内的造价经造价咨询单位审核后已经确定，仅就签证部分存在争议的，也无必要将承包范围的造价一并进行鉴定。

二、条款解读

（一）不规范鉴定行为的分析

建设工程施工合同中定性的权利义务最终将通过定量的工程价款来体现。实践中，由于建设工程问题的专业性和多数承办法官对工程专业知识的缺失，工程纠纷争议往往依赖于通过鉴定予以最终确定，而进行鉴定的相关人员又往往不具备法律专业知识。因此，其常常会以"客观事实"代替"法律事实"，例如：自行决定鉴定范围、擅自选取鉴定依据、随意取舍鉴定材料、主动积极收集证据等。具体可归纳为如下情形。

1.代替法院作出法律定性，干涉法院行使审判权

（1）具体情形

司法实践中，可能出现基础鉴定材料尚未组织质证就开始鉴定的情况。这种情形下，若出现数份合同或针对同一事项存在数份不同内容的变更签证的情况，往往由鉴定人员予以选定从而作为鉴定意见的依据。而对于鉴定材料的法律判定，属于法院审判范围，而非鉴定机构的鉴定范围。鉴定机构擅自对鉴定材料作出判定或取舍实际上干涉了法院行使审判权。

（2）关键原因

因为绝大多数建设工程通过招标形式发包，而基于《建筑法》中强制性规定繁多，且建设工程项目具有不确定性及专业性等特点，往往会出现"阴阳合同"、挂靠合同和实际履行合同、工程签证和会议纪要如何适用的问题，甚至纠纷产生就来之于此。此外，建设工程合同纠纷案件诉讼过程中，往往会出现先进行鉴定再进行法庭实质审理的情况。因此，应以哪份合同作为鉴定的依据、哪张签证可以计价，往往由鉴定人员来决定，以便于鉴定程序能够继续推进。这将导致鉴定单位代替法院做出法律定性工作，即行业中通常所说的"以鉴代审"。

2.擅自选择未经质证的鉴定材料，干涉法院行使质证主导权

（1）具体情形

涉及鉴定的施工合同纠纷案件，当事人除需提交基本证据材料外，就鉴定程序往往还需要根据鉴定单位开列清单提交延伸鉴定材料。而该部分鉴定材料往往不经由法院而由当事人直接提交给鉴定单位。这也意味着，鉴定单位收到的该部分延伸鉴定材料并未经过法庭质证。实践中，甚至存在基本证据材料未经质证直接移交给鉴定单位的情况。而对于这些证据材料，鉴定单位往往会直接自行决定是否为鉴定意见所需而进行选用，其本质是鉴定单位干涉了本应由法院组织的质证程序。

（2）关键原因

涉及鉴定的施工合同纠纷案件，先通过鉴定进行专业定性再通过审判进行法律定性是审理法官的通常做法。并且,因鉴定期限不计入审限,故等鉴定意见出具后与其他证据材料一并质证更符合效率性要求。因此,很多法官首次开庭的主要任务就是确定鉴定范围,此时往往可能连案件的基础证据材料都尚未质证。而当事人在提起诉讼时通常仅提交基础证据材料,例如:施工合同、竣工验收报告等。待法院决定委托鉴定后,才会要求当事人提供与鉴定有关的延伸证据材料,例如:竣工图、竣工报告、工程签证、变更指令以及过程中往来函件,甚至可能还包括招标文件、招标图纸、投标文件、投标报价清单等。因此,鉴定材料的提供具有一定的滞后性。

3. 擅自改变诉讼请求,干涉当事人诉讼权利

(1) 具体情形

例如,当一方当事人的诉讼请求中未包含工程索赔款,并且鉴定范围也未包含工程索赔款,但若作出的鉴定意见中包括工程索赔款,则意味着鉴定行为在无形中为一方增加了诉讼请求。当一方当事人的诉讼请求中包含工程索赔款,并且鉴定范围也包括工程索赔款,但若作出的鉴定意见中未包括工程索赔款,则意味着鉴定行为无形中减少了一方的诉讼请求。

(2) 关键原因

首先,无论是建筑业领域还是法律从业人员,对于工程合同价款、工程造价、索赔款和赔偿款的概念区分往往都不够明确。因此,实践中常常会出现将工程合同价款与工程造价相等同、混淆、违约赔偿与工程索赔等情况。其次,鉴定活动的相关参与人员除应对上述概念有着清晰的理解外,还需彼此达成一致。若当事人提出的鉴定申请书中的表达无误,但法院向鉴定单位出具的委托鉴定书中未正确表达,则鉴定意见中的结果也不可能正确;若鉴定申请书和委托鉴定书中均正确表达,也经常出现不被人员准确理解,或未能在最终意见中体现的情况。

4. 代替一方进行举证,干涉当事人举证责任

(1) 具体情形

实践中,即便当事人提供的证据中不能反映其申请鉴定的内容,鉴定单位往往仍会本着"实事求是"的精神进行"现场勘察,具体丈量",并将取得的现场数据作为鉴定依据反应在最终的鉴定意见中。但这种"实事求是"的行为本质上是超越鉴定单位的中立立场代替一方当事人进行举证,从而打破了双方当事人法定的举证责任分配。

（2）关键原因

首先，进行具体鉴定活动的从业人员绝大多数仅有理工科背景知识，未经过系统法学教育，缺乏法律思维理念，对于法律事实的概念不强，更倾向于实事求是的认知意识，对法律问题和技术问题的界限不清晰，从而影响了鉴定单位的中立立场。其次，承办法官和律师虽然本着职业素养对相关问题较为敏感，但通常由于其对建设工程领域的专业问题熟悉程度有限，绝大多数情况下在委托鉴定后并不参与鉴定过程，由此也间接导致了鉴定人最终实际控制鉴定进程及结果。

在建设工程合同纠纷中，法院主要行使审判权来解决定性的法律问题，鉴定人主要解决专业问题。即涉及法律定性的事实认定、合同效力、证据效力、鉴定范围等均应由法院确定，而鉴定单位应仅在法院确定的鉴定范围内根据法院移交的鉴定材料进行专业问题的鉴定，否则容易模糊鉴定和审判的界限。

（二）鉴定的规范和补正方式分析

工程价款的确定需要兼具法律判断和专业知识。但实践中，多数法官和律师并不兼具上述知识或了解程度有限，故往往更依赖于鉴定意见，甚至会出现承办法官先委托鉴定再进行实体审理的情况。因此，司法实践中往往会出现如下问题：

其一，当事人提供的证据材料以及鉴定所需的延伸证据可能尚未经过质证；

其二，诉讼中的法律定性问题可能尚未经过法院确定（如合同有效性问题、数份合同如何计价、数份图纸如何计价、有争议的签证可否计价等）。

这些问题本质上都是法律问题，应先由法院作出定性判断，而非由鉴定人判定。鉴定应当是被动、专业的，应只就委托的事项作出专业的结论。并且，鉴定人通常也不具备该方面的思维和能力，若擅自作出判断，往往易走向过分重视实体而轻视程序、过分关注客观事实而忽视法律事实的偏离路线，从而出现以实际成本造价代替合同造价，以鉴定时点状态代替竣工时点状态，甚至自行改变鉴定范围或者诉讼请求，越权代替一方举证等情况。

由于律师通常不参与鉴定全过程，因此，对最终鉴定意见的质证以及如何在质证过程发现鉴定意见的瑕疵并补救显得尤为重要。

1. 鉴定范围是当事人权利行使的体现

民事诉讼中的举证责任分配除法律有特别规定外，通常遵循"谁主张，谁举证"的原则。申请鉴定本质上就是举证责任的体现。而由于建设工程纠纷的复杂性，举证责任的分配往往不太清晰，因此，《施工合同纠纷司法解释（一）》中明确，人民法院具有释明的责任。而如何举证、举证的程度和范围是法律赋予举证责任当事人的义务和权利，任何人原则上不得干涉。

鉴定过程中擅自增加或缩小鉴定范围也是对当事人诉讼权利的侵犯，这意味着增加或减少一方的举证责任，还可能改变其诉讼请求。故无论是鉴定单位还是法院均无权侵犯当事人应有的权利，应当严格依照最终确定的委托鉴定范围进行鉴定，以维护当事人权利的正常行使。

人民法院组织当事人对鉴定人出具的鉴定意见进行质证时，若发现鉴定意见超出委托鉴定范围，应当要求鉴定单位更正。若鉴定单位不予更正，该鉴定意见不得采信。

2. 鉴定依据的材料应当经过质证

当事人提交的证据只有经过质证后，才能作为人民法院认定案件事实的依据。无论是当事人提交法院的证据，还是直接由鉴定单位接收的证据，在未经质证前均不能作为鉴定材料。

若发现有争议且未经质证的鉴定材料作为鉴定依据的，人民法院应当组织补充质证。若质证后发现其不能作为鉴定依据的，人民法院应当要求鉴定单位更正或补充鉴定。若鉴定单位不进行更正或补充鉴定，则人民法院可以重新委托鉴定。

3. 鉴定人员不对法律定性问题作出判断

如前所述，鉴定单位应仅就专业性问题给出意见，而不应对法律定性问题作出判断。法律定性问题是人民法院行使审判权解决的范畴。因此，应先由人民法院就法律定性问题作出判断后，再由鉴定单位作出专业意见。

如果出现合同效力或者责任分配等法律问题，鉴定单位应当首先要求人民法院予以明确。若人民法院暂未明确或要求鉴定单位根据不同情况分别鉴定的，则鉴定单位可以出具选择性鉴定意见，以供人民法院选用。

若在质证过程中发现鉴定单位作出鉴定意见建立在错误的法律认定上，则法院应当要求鉴定单位更正或补充鉴定。若鉴定单位不进行更正或补充鉴定，则人民法院可以重新委托鉴定。

4.鉴定意见应当质证

《民事诉讼法》修订后将"鉴定结论"修改为"鉴定意见"，这同时也意味着鉴定机构出具的鉴定书属于专家意见，而不能视为最终结论，法院在审理案件时可将其作为参考，而非唯一的判决依据。因此，鉴定意见作为民事诉讼证据的一种，理应经过质证、查证属实后，才能作为认定事实的依据。另外，若鉴定人经人民法院通知后拒不出庭作证，导致鉴定意见未予采信的，鉴定单位应当承担相应的法律责任。

（三）律师提供鉴定非诉法律服务

1.鉴定非诉法律服务的必要性

通常情况下，建设工程纠纷诉讼有较大可能性会涉及鉴定，尤其是工程造价鉴定。而基于前述逻辑路径，笔者认为：

（1）建设工程案件的诉讼质量大体可由两部分组成：一部分是司法鉴定报告的质量，另一部分则是除此之外的庭审质量。而大多数建设工程案件的诉讼质量最终都与司法鉴定报告的质量密切相关。

（2）由于通常律师不参与造价鉴定全过程且鉴定意见的质证常受到各种因素的限制，很难做到"开封查验"，即很难对鉴定报告中的具体专业问题当庭核实和对账式的质证。

（3）质证后启动补充（或重新）鉴定程序通常是以鉴定报告存在明显瑕疵，且代理人具有相当的专业能力足以发现此类瑕疵为前提的。否则，将很难启动该程序。而若无法启动补充（或重新）鉴定程序，原则上鉴定报告的瑕疵再无其他救济途径。

（4）为了保证建设工程案件的诉讼质量，维护当事人合法权益，重视和提高司法鉴定报告的质量是诉讼过程中的重中之重，而其关键在于全过程跟踪鉴定，努力将瑕疵消灭在报告出具之前。

（5）将瑕疵消灭在鉴定报告出具之前的关键是司法鉴定环节必须有专业律师

全程跟进。跟进方式主要有两种：第一种，由该案的诉讼代理律师同时承担司法鉴定的相关介入工作；第二种，由不同律师分别承担司法鉴定和诉讼过程的相关工作。前者有利于对案件进行整体把握，而后者也不失为一种亡羊补牢的办法。

2.律师提供鉴定非诉法律服务的要点

（1）审核鉴定范围使诉讼请求与鉴定范围相匹配

这一阶段工作的主要目的在于审核鉴定范围是否与鉴定目的的一致性，若发现偏差应及时向法院提出。

（2）确定提交鉴定所需资料并使其符合证据要件

这一阶段工作的主要目的在于申请人提供的鉴定材料应尽可能穷尽且努力使鉴定单位理解其作用，而相对方应当避免不符合证据要件的材料作为鉴定依据纳入鉴定结论。

（3）全面跟踪造价鉴定过程并及时提出意见

这一阶段工作的主要目的在于保证鉴定材料均符合证据要件以及保证鉴定界面的准确性，及时反馈过程意见，从而使鉴定过程中已发现的问题尽可能不出现在鉴定报告中。

（4）从法律和专业角度对鉴定意见初稿提出可能的异议

这一阶段工作的主要目的在于努力使初稿中的瑕疵在出具正式报告前予以消除，降低其后质证过程的对抗性。

（5）法庭质证中就实体、程序问题作出提问

这一阶段工作的主要目的在于发挥质证技巧，提高质证效果，在法庭上通过质证使报告的瑕疵迅速得以显现，让法官能够清晰认识，从而达到补充（或重新）鉴定的目的。

（6）根据质证情况就鉴定意见存在的问题提交代理意见

这一阶段工作的主要目的在于，在锁定质证成果的前提下补正质证中的不足或缺陷。

三、建议与提醒

（1）当事人要注意延伸鉴定材料有以下三个特点：①专业性强；②不同项目

的种类相差大；③通常随鉴定进程逐渐提供。鉴于这些特点，提供证据或质证时应尽量考虑这些因素，做到尽可能地缩短时间，在质证过程中尽量用能使非专业人员听懂的语言表达。

（2）承办法官受限于精力及专业知识往往也不介入鉴定过程。而鉴定工作是由具体的专业人员办理，主观性谬误往往不可避免，故代理律师应尽可能全面跟踪，及时与法官、鉴定人员沟通，避免出现不该出现的问题。

（3）当事人或代理律师应当适时向鉴定单位的专业人员说明证据的相关规则。若鉴定单位需要进行现场勘察，律师应第一时间明确己方观点，也可通过书面形式向法院阐明观点。

（4）当事人或代理律师应尽可能在立案时将需要的证据材料提供完毕。若确有困难，也应当将可能涉及的延伸证据在诉讼材料中明确并坚持要求法院先就证据材料进行质证再进入鉴定程序。若鉴定过程中出现需要其他延伸证据材料的情况，原则上也应先提交法院经质证后再转交鉴定单位。

（5）代理律师在鉴定开始前应当将属于法律定性的问题予以列明，并要求法院明确，例如：哪份合同应作为鉴定依据、哪份签证应作为工程变更价款的计算依据等，从而既有效地解决法律判断与专业问题混淆的情况，也不会妨碍鉴定单位的鉴定活动。即便法庭判断错误，当事人也可通过法律途径进行救济。

四、法条链接

《中华人民共和国民事诉讼法》

第七十七条　鉴定人有权了解进行鉴定所需要的案件材料，必要时可以询问当事人、证人。鉴定人应当提出书面鉴定意见，在鉴定书上签名或者盖章。

第七十八条　当事人对鉴定意见有异议或者人民法院认为鉴定人有必要出庭的，鉴定人应当出庭作证。经人民法院通知，鉴定人拒不出庭作证的，鉴定意见不得作为认定事实的根据；支付鉴定费用的当事人可以要求返还鉴定费用。

第七十九条　当事人可以申请人民法院通知有专门知识的人出庭，就鉴定人作出的鉴定意见或者专业问题提出意见。

《最高人民法院关于适用〈中华人民共和国民事诉讼法〉若干问题的解释》

第一百二十二条　当事人可以依照民事诉讼法第七十九条的规定，在举证期限届满前申请一至二名具有专门知识的人出庭，代表当事人对鉴定意见进行质证，或者对案件事实所涉及的专业问题提出意见。

具有专门知识的人在法庭上就专业问题提出的意见，视为当事人的陈述。

人民法院准许当事人申请的，相关费用由提出申请的当事人负担。

《最高人民法院关于民事诉讼证据的若干规定》

第三十七条　人民法院收到鉴定书后，应当及时将副本送交当事人。

当事人对鉴定书的内容有异议的，应当在人民法院指定期间内以书面方式提出。

对于当事人的异议，人民法院应当要求鉴定人作出解释、说明或者补充。人民法院认为有必要的，可以要求鉴定人对当事人未提出异议的内容进行解释、说明或者补充。

第四十条　当事人申请重新鉴定，存在下列情形之一的，人民法院应当准许：

（一）鉴定人不具备相应资格的；

（二）鉴定程序严重违法的；

（三）鉴定意见明显依据不足的；

（四）鉴定意见不能作为证据使用的其他情形。

存在前款第一项至第三项情形的，鉴定人已经收取的鉴定费用应当退还。拒不退还的，依照本规定第八十一条第二款的规定处理。

对鉴定意见的瑕疵，可以通过补正、补充鉴定或者补充质证、重新质证等方法解决的，人民法院不予准许重新鉴定的申请。

重新鉴定的，原鉴定意见不得作为认定案件事实的根据。

> 要点十二：

建设工程时间节点的确定

一、相关条款

（一）《施工合同纠纷司法解释（一）》第八条

1. 具体条款

当事人对建设工程开工日期有争议的，人民法院应当分别按照以下情形予以认定：

（一）开工日期为发包人或者监理人发出的开工通知载明的开工日期；开工通知发出后，尚不具备开工条件的，以开工条件具备的时间为开工日期；因承包人原因导致开工时间推迟的，以开工通知载明的时间为开工日期。

（二）承包人经发包人同意已经实际进场施工的，以实际进场施工时间为开工日期。

（三）发包人或者监理人未发出开工通知，亦无相关证据证明实际开工日期的，应当综合考虑开工报告、合同、施工许可证、竣工验收报告或者竣工验收备案表等载明的时间，并结合是否具备开工条件的事实，认定开工日期。

2. 主旨诠释

本条款是关于如何确定开工日期的规定，主要按以下几种方式确定：

（1）开工日期的确定以发包人或监理人发出的开工通知载明的开工日期为原则，以考量是否具备开工条件或是否实际开工为例外。若发包人或监理人签发了开工通知但施工现场不具备开工条件，则以开工条件具备的时间为开工日期。若发包人或监理人签发了开工通知且施工现场已具备开工条件，但因承包人自身原因导致未能实际开工的，则以开工通知载明的开工日期为准。

（2）若发包人或监理人未签发开工通知，但承包人经发包人同意已经实际进场施工的，应视为承、发包双方就开工日期达成合意，则以承包人实际进场施工时间为开工时间。

（3）若发包人或监理人未签发开工通知，又无相关证据可以反映实际开工日期的，则应当结合开工报告、合同、施工许可证、竣工验收报告或者竣工验收备案表等载明的时间综合确定开工日期。

（二）《施工合同纠纷司法解释（一）》第九条

1. 具体条款

当事人对建设工程实际竣工日期有争议的，人民法院应当分别按照以下情形予以认定：

（一）建设工程经竣工验收合格的，以竣工验收合格之日为竣工日期；

（二）承包人已经提交竣工验收报告，发包人拖延验收的，以承包人提交验收报告之日为竣工日期；

（三）建设工程未经竣工验收，发包人擅自使用的，以转移占有建设工程之日为竣工日期。

2. 主旨诠释

本条款是关于如何确定实际竣工日期的规定，主要包含以下三个方面的内容：

（1）竣工日期既是承包人承担返修义务与保修义务的分界点，也是工程结算余款利息的起算点，同时也是建设工程风险转移的开始点。因此，对承、发包双方均有重要意义。

（2）如果承、发包双方已签字确认竣工日期的，应以双方确认的日期为竣工日期。

（3）如果承、发包双方没有确认竣工日期的，或虽有约定但不明确，双方就此发生争议的，则按本条规定认定：

①建设工程经竣工验收合格的，以竣工验收合格之日为竣工日期。此处的竣工验收合格之日既包括首次竣工验收合格之日，也包括首次竣工验收不合格，

但经整改后重新验收合格之日。

②如果承包人提交了竣工验收资料,发包人拖延验收,这种情况下以承包人提交竣工资料之日为工程竣工日期。

③如果建设工程尚未经过竣工验收,而发包人擅自使用的,则以转移占有建设工程之日为竣工日期。

(三)《施工合同纠纷司法解释(一)》第十七条

1.具体条款

有下列情形之一,承包人请求发包人返还工程质量保证金的,人民法院应予支持:

(一)当事人约定的工程质量保证金返还期限届满;

(二)当事人未约定工程质量保证金返还期限的,自建设工程通过竣工验收之日起满两年;

(三)因发包人原因建设工程未按约定期限进行竣工验收的,自承包人提交工程竣工验收报告九十日后当事人约定的工程质量保证金返还期限届满;当事人未约定工程质量保证金返还期限的,自承包人提交工程竣工验收报告九十日后起满二年。

发包人返还工程质量保证金后,不影响承包人根据合同约定或者法律规定履行工程保修义务。

2.主旨诠释

本条款是关于如何确定质量保证金返还期限的规定,主要包含以下几层含义:

(1)当事人明确约定了工程质量保证金返还期限的,按约定处理。该规定体现了对当事人合意的尊重。工程质量保证金是指承、发包双方在建设工程施工合同中约定,从应付的工程款中预留,用以保证承包人在缺陷责任期内对建设工程出现的缺陷进行维修的资金。工程质量保证金返还期限即缺陷责任期。但应注意,根据《建设工程质量保证金管理办法》(建质〔2017〕138号)第二条之规定,当事人约定的缺陷责任期最长不得超过2年。

(2)当事人就工程质量保证金返还期限没有约定或约定不明的,应自建设工程通过竣工验收之日起满2年予以返还。

（3）当事人约定了工程质量保证金返还期限，但因发包人原因导致建设工程未按约定期限进行竣工验收的，自承包人提交工程竣工验收报告90日后起算至当事人约定的工程质量保证金返还期限届满，发包人应当返还工程质量保证金。但若发包人在承包人提交工程竣工验收报告90日内完成竣工验收的，仍应以实际竣工验收之日起算。当事人就工程质量保证金返还期限没有约定或约定不明，且因发包人原因导致建设工程未按约定期限进行竣工验收的，自承包人提交工程竣工验收报告90日后起满2年，发包人应当返还工程质量保证金。

（4）发包人返还工程质量保证金，只意味着承包人不需再承担缺陷责任，但不影响承包人根据合同约定或者法律规定继续承担保修责任。本条第二款规定提示我们应注意缺陷责任与保修责任的区别。

（四）《施工合同纠纷司法解释（一）》第二十七条

1. 具体条款

利息从应付工程价款之日开始计付。当事人对付款时间没有约定或者约定不明的，下列时间视为应付款时间：

（一）建设工程已实际交付的，为交付之日；

（二）建设工程没有交付的，为提交竣工结算文件之日；

（三）建设工程未交付，工程价款也未结算的，为当事人起诉之日。

2. 主旨诠释

本条款是关于发包人支付工程欠款利息起算时间的规定。主要包含以下三个方面的内容：

（1）欠付工程价款应作广义理解，即欠付工程预付款、工程进度款和工程结算余款均可计算利息。

（2）工程欠款利息的起计时间为应付工程价款之日。如果当事人对应付时间有明确约定的，利息从约定的应付时间开始起算。

（3）如果当事人对应付时间没有约定的，则按以下规定确定：

1）如果建设工程已经交付给发包人，则应付工程价款的时间为交付工程之日，从此时开始，可计息；

2）如果建设工程尚未交付给发包人，但承包人已提交竣工结算文件，则应付工程价款的时间为提交竣工结算文件之日，从此时开始，可计息；

3）如果既未交付建设工程，也未完成工程结算，则应付工程价款的时间为当事人起诉之日，从此时开始，如果发包人还未支付工程价款，则可开始计息。

二、条款解读

（一）建设工程"开工日期"的确定

1.建设工期对双方利益分析

在某种意义上，建设工程施工合同的本质是在一定的承包范围下，就建设工期、工程质量、工程价款三大因素来平衡承、发包双方的利益，从而分配两者权利和义务的一种契约。这三大因素中，发包人更积极追求工程质量，承包人更积极追求工程价款，而建设工期则是发包人与承包人共同积极主动追求的目标。为了保证建设工程按期完成，承、发包双方通常会约定工期延误违约金。但事实上，建设工期的延长会对承、发包双方均造成不同程度的损失。发包人会因不能及时使用该建筑物而失去预期的盈利机会，而承包人则会因建设工期的延长而多支付额外费用及失去承接其他工程的机会等。因此，承发包双方更有相互沟通的空间。

2.开工日期和竣工日期的关系

建设工期是指在一定承包范围下，完成一定工程质量标准的建设工程所需要的时间（包括法定节假日）。从静态角度而言，建设工期是竣工日期与开工日期两者之差所得的绝对数。从动态角度而言，建设工期是实际开工日期和修正后的实际竣工日期的函数。这是基于建设工程项目的不确定性等原因，不仅开工日期会出现变化，而且时常会发生工期顺延等情况。

3.建设工程开工的条件

为了加强对建筑活动的监督管理，维护建筑市场秩序，保证建筑工程的质量和安全，除工程投资额在30万元以下，或建筑面积在300m^2以下的建筑工程，可以不申请办理施工许可证。除此之外的建筑工程在未取得施工许可证的情况下，一律不得开工。发包人申请领取施工许可证，应当具备以下条件：

（1）已经办理该建筑工程用地批准手续；

（2）在城市规划区的建筑工程，已经取得建设工程规划许可证；

（3）施工场地已经基本具备施工条件需拆迁的，拆迁进度应符合施工要求；

（4）已经确定施工企业；

（5）有满足施工需要的施工图纸及技术资料已按规定审查完毕；

（6）有保证工程质量和安全的具体措施；

（7）按照规定应该委托监理的工程已委托监理；

（8）建设资金已经落实；

（9）法律、行政法规规定的其他条件。

对未取得施工许可证而擅自开工的，行政单位可以责令停工，并有权处以行政罚款。

4. 建设工程开工日期的确定

一般情况下，建设工程施工合同在明确约定某一具体开工日期的同时，往往还会注明"具体开工时间以监理（或发包人）签发的开工令为准"。但真正确定开工时点还需要四因素决定，即是否已取得施工许可证，是否已签发开工令，是否已进入现场施工，是否已具备施工条件。因此，实践中对于开工日期的确定可能会出现以下情况：

（1）以开工令载明的日期为开工日期

最理想的情况就是在发包人已取得施工许可证并具备所有施工条件时，监理人（或发包人）签发开工令，同时，承包人实际也是按开工令记载时间进场施工的。此时，监理人（或发包人）签发的开工令中载明的日期即为开工日期。而若监理人（或发包人）已签发开工令，承包人也已进入施工现场，但由于未取得施工许可证而被行政管理机关责令停工，此后才取得施工许可证的，开工日期仍应以此前开工令载明时间为准。

（2）以证据证明的实际开工时点为开工日期

若发包人没有取得施工许可证，也未签发开工令，但现场已具备施工条件且当事人有证据证明承包人在某一时点已开始施工的，应以该证据证明的实际开工时点为开工日期。

(3) 综合考量确定实际开工日期

监理人（或发包人）未签发开工通知，亦无相关证据证明实际开工日期的，应当综合考虑开工报告、合同约定、施工许可证、竣工验收报告或者竣工验收备案表等载明的时间，并结合是否具备开工条件的事实认定开工日期。

5. 已开工不能损害施工承包人的权益

如果是发包人的原因造成无法正常开工，通常情况下，承包人可以取得以下相应费用或权利：

（1）要求工期顺延

例如：发包人更改工程有关部分的标高、基线、位置和尺寸或者增减合同中约定的工程量等。

（2）要求索赔停工所造成的损失

例如：人员误工费、机械台班闲置费以及对供应商的违约赔偿等。

（3）因工期顺延而造成的工程造价的增加

例如：工期顺延而引起的人工费、材料费和机械设备租赁费的增加等。

（4）为降低无法正常开工而造成的扩大损失所发生的合理费用

例如：及时通知商品供应商暂缓送货而承担的违约责任，暂停下一工序的建筑材料、构配件和设备等的采购而承担的违约责任等。若承包人明知因发包人的原因无法正常开工，而不采取可能的措施避免损失进一步扩大，承包人无权向发包人主张该部分扩大的损失。

（二）建设工程的"竣工日期"的确定

1. 竣工日期的法律意义

竣工日期是指承包人按照约定或法定的质量要求完成了所有承包范围内建设工程的时间。从法律层面而言，竣工日期是代表建设工程项目实施阶段的完成，也是承包人开始履行质量保修义务的起始点，同时，也是判断承包人是否存在工期违约的重要参照点。因此，对承、发包双方而言，竣工日期不仅重要而且敏感。从定量层面而言，竣工日期与开工日期之差等于建设工期。若存在工期延期的情况，则存在以下等式：实际建设工期=约定建设工期+顺延工期。例如：合同约定建设工期365天，开工日期为签订建设工程施工合同后的15天，如果没有顺延工期，则竣工日期为签订建设工程施工合同后的380天。如果存在顺延工期30天的，则竣工日期为签订建设工程施工合同后的410天。

2. 竣工日期的确定

如果承、发包双方对竣工日期有约定并且无争议，则以双方约定的时点作为竣工日期。如果承、发包双方对竣工日期没有约定或约定不明而引起纠纷的，则按照如下规则来确定实际的竣工日期：

（1）擅自使用以转移占有为竣工日期

由于建设工程的质量涉及公共安全和公共财产，法律规定未经验收或者验收不合格的建筑工程不得交付使用。如果未经验收而擅自使用的，发包人将承担相应行政处罚。竣工验收是发包人对承包人完成的建设工程进行全面考核，检查是否符合设计要求和工程质量的重要环节。如果发包人未经竣工验收而擅自使用的，除了对地基基础工程和主体结构质量在合理使用寿命内由承包人承担民事责任外，应视为发包人对工程质量予以认可。因此，如果建设工程未经竣工验收，发包人擅自使用的，以转移占有建设工程之日为竣工日期。

（2）拖延验收以递交申请为竣工日期

对建设工程进行竣工验收是发包人的权利和义务。建设工程完工后，首先由承包人向发包人提供完整的竣工资料和竣工报告，发包人应及时组织设计单位、施工单位、工程监理单位共同参加验收。因此，发包人在建设工程竣工验收过程中处于主导地位。在实务中，发包人往往为了自己的利益恶意使验收这一条件不成就。根据法律规定，这种恶意使条件不成就的行为应视为条件成就。因此，如果建设工程已经竣工，承包人已按要求提交了相关竣工验收报告，但发包人拖延验收的，以承包人提交验收报告之日为竣工日期。

但是，如何界定发包人是否存在拖延验收情形，在实务中可能会产生争议。因此，笔者认为，法律法规应当界定合理参照期限，以使判断发包人是否存在拖延验收行为更具有操作性。即便发包人在约定或法定期限后组织了竣工验收，也仍应以承包人提交竣工验收报告之日为竣工日期。

（3）以竣工验收合格之日为竣工日期

建设工程竣工后，发包人应当根据施工图纸及说明书、国家颁发的施工验收规范和质量检验标准及时进行验收。验收合格的，发包人应当按照约定支付价款，并接收该建设工程。如果建设工程在竣工后一次验收合格，则以一次验收合格之日作为竣工日期。如果建设工程在竣工后一次验收不合格，则以承包人返工、整改后验收合格之日作为竣工日期。

在实务中，建设工程竣工验收合格之日作为竣工日期是最为常见的情况，也相对比较容易被承、发包双方所接受。因此，在建设工程施工合同中约定验收合格之日为竣工日期较为妥当。其次，竣工后需要整改的项目或部位应当明确和具体，以防止发包人无止境地要求所谓整改。

（三）竣工结算余款支付时间的确定

承揽合同是先由承揽人完成工作成果后，再由定作人支付价款的存在履行顺序的双务合同。若定作人未支付相应价款时，承揽人享有法定留置权。这再次说明，其履行顺序是先付款再交物。建设工程合同是特殊承揽合同，其同样是先由承包人完成建设工程，后由发包人支付工程价款的存在履行顺序的双务合同。而由于留置权只能适用于动产，故法律为承包人设立了法定优先受偿权。而发包人支付工程价款的常态时间为工程实际交付之日，这一点与承揽合同完全一致。

关于工程价款的支付时间，应遵循"有约定从约定，无约定从法定"的原则，而法定支付时间规定如下：

1. 建设工程已实际交付，为建设工程实际交付之日

承包人将劳动与建筑材料物化为建筑产品交付给发包人，说明承包人已完成其在施工合同中最主要的义务，发包人已实现其合同的根本目的。此时，发包人完全可以对其占有和控制的建设工程进行处分、使用和收益。这种情况下，如不支付承包人工程价款，显然于情于法不合。故法律规定，工程价款应付时间为建设工程交付之日。如果建设工程已实际交付发包人，而发包人未支付工程价款的，则应自工程交付之日起向承包人支付工程欠款利息。

2. 已提交竣工结算文件但未交付建设工程的，为提交竣工结算文件之日

承包人提交竣工结算文件的前提条件是建设工程经竣工验收合格。而竣工验收合格说明承包人已完成施工合同最主要义务，已具备要求发包人支付工程价款的前提。但实务中，发包人往往会故意推延审核时间以达到延期支付余款的目的。故为督促发包人尽快审核竣工结算文件，及时支付工程结算余款，法律规定若建设工程没有交付但承包人已提交竣工结算文件的，以提交竣工结算文件之日为发包人支付工程价款的时间。

3. 建设工程既未交付又未完成价款结算，为当事人起诉之日

司法实践中，多数争议发生在建设工程未完工或虽完工但尚未通过竣工验收的阶段。此时，工程结算条件不成熟，无法确定应付工程价款的时间。为了避免扩大承包人的损失，平衡承发包双方当事人的利益，法律对此种情形下的工程价款应付时间做了拟制规定，即当事人向人民法院起诉之日。而何谓起诉之日，笔者认为最恰当的时间应是人民法院正式立案受理之日。

三、建议与提醒

（1）如果未按时开工的原因不在于承包人，承包人通常可取得以下费用或权利：①要求工期顺延。如果发包人同意工期顺延的，可要求发包人承担因工期延长造成的增加费用；如果发包人不同意工期顺延的，可要求发包人承担相应的赶工费用。②要求索赔停工所造成的损失。③要求承担为避免损失进一步扩大所发生的合理费用。

（2）实际工期＝实际竣工日期－实际开工日期。由于建设工期纠纷由实际开工日期引起的情况较少，因此，建议尽可能在施工合同中明确约定竣工日期，并对法定的实际竣工日期有所了解。

（3）建设工期应当包括总工期和节点工期。总工期保证承包人能按时完成承建的建设工程；节点工期保证承包人能保质完成承建的建设工程。因此，发包人应尽可能要求承包人提供详细进度表及施工组织设计等技术资料，并在施工合同中尽可能约定总工期的违约金和节点工期的违约金。

（4）不要将竣工时间与支付竣工结算余款时间混为一谈。前者法定时间为验收合格之日或承包人提交验收报告之日或转移占有建设工程之日。后者法定时间为建设工程已实际交付之日或提交竣工结算文件之日或当事人起诉之日。

（5）对于承包人而言，不要持有支付工程竣工结算余款的前提是竣工结算完毕的错误概念，尽可能不要在施工合同中约定"结算完毕后××天后支付竣工结算余款"。而对于发包人而言，尽可能不要约定"逾期不结算视为认可"。若已订立的合同中存在此类约定，建议在约定期限之前先向承包人发送初稿，从而避免"被认可"。

四、法条链接

《中华人民共和国建筑法》

第七条第一款　建筑工程开工前，建设单位应当按照国家有关规定向工程所在地县级以上人民政府建设行政主管部门申请领取施工许可证；但是，国务院建设行政主管部门确定的限额以下的小型工程除外。

> **简要归纳：**本条款是关于建设工程施工许可证制度的法律规定。主要包含以下三个方面的内容：
> （1）设立施工许可证制度的目的是加强对建设活动的监督管理，维护建筑市场秩序，保证工程质量和安全；
> （2）建设单位在履行了报建等手续后，原则上还应领取施工许可证，之后施工单位方可进行施工；
> （3）施工许可证的发证机关是建设工程所在地的县级以上人民政府建设行政主管部门。

第六十二条　建筑工程实行质量保修制度。
建筑工程的保修范围应当包括地基基础工程、主体结构工程、屋面防水工程和其他土建工程，以及电气管线、上下水管线的安装工程，供热、供冷系统工程等项目；保修的期限应当按照保证建筑物合理寿命年限内正常使用，维护使用者合法权益的原则确定。具体的保修范围和最低保修期限由国务院规定。

> **简要归纳：**本条款是关于建设工程质量保修制度的法律规定。主要包含以下三个方面的内容：
> （1）建筑工程质量在竣工验收前实行返修制度，在工程竣工验收后实行

要点十二：建设工程时间节点的确定

保修制度。

（2）在正常使用条件下，建设工程的最低保修期限为：

①基础设施工程、房屋建筑的地基基础工程和主体结构工程，为设计文件规定的该工程的合理使用年限；

②屋面防水工程、有防水要求的卫生间、房间和外墙面的防渗漏为5年；

③供热与供冷系统，为2个供暖期、供冷期；

④电气管线、给水排水管道、设备安装和装修工程，为2年；

⑤其他项目的保修期限由承发包双方约定。

（3）建设工程的保修期，自竣工验收合格之日起计算。

《中华人民共和国民法典》

第七百八十二条 定作人应当按照约定的期限支付报酬。对支付报酬的期限没有约定或者约定不明确，依据本法第五百一十条的规定仍不能确定的，定作人应当在承揽人交付工作成果时支付；工作成果部分交付的，定作人应当相应支付。

第七百八十三条 定作人未向承揽人支付报酬或者材料费等价款的，承揽人对完成的工作成果享有留置权或者有权拒绝交付，但是当事人另有约定的除外。

第七百九十九条 建设工程竣工后，发包人应当根据施工图纸及说明书、国家颁发的施工验收规范和质量检验标准及时进行验收。验收合格的，发包人应当按照约定支付价款，并接收该建设工程。

建设工程竣工经验收合格后，方可交付使用；未经验收或者验收不合格的，不得交付使用。

第八百零七条 发包人未按照约定支付价款的，承包人可以催告发包人在合理期限内支付价款。发包人逾期不支付的，除根据建设工程的性质不宜折价、拍卖外，承包人可以与发包人协议将该工程折价，也可以请求人民法院将该工程依法拍卖。建设工程的价款就该工程折价或者拍卖的价款优先受偿。

《建设工程质量管理条例》

第十六条第一款 建设单位收到建设工程竣工报告后,应当组织设计、施工、工程监理等有关单位进行验收。

第五十八条 违反本条例规定,建设单位有下列行为之一的,责令改正,处工程合同价款百分之二以上百分之四以下的罚款;造成损失的,依法承担赔偿责任:

(一)未组织竣工验收,擅自交付使用的;

(二)验收不合格,擅自交付使用的;

(三)对不合格的建设工程按照合格工程验收的。

《最高人民法院经济审判庭关于建筑工程承包合同纠纷中工期问题的电话答复》

贵州省高级人民法院:你院(88)黔法经请字第3号请示报告收悉。关于重庆市铜梁县第二建筑公司诉贵州省息烽县酒厂建筑工程承包合同纠纷一案工期问题,根据来文所提供的情况,经研究答复如下:贵州省息烽县酒厂与重庆市铜梁县第二建筑公司签订息烽县酒厂粮库、半成品库建筑工程承包合同约定的工期,是在《建筑安装工程工期定额》规定的工期之内。合同是经招标投标之后签订的,故不应以违反《建筑安装工程工期定额》规定为理由,确认合同约定的工期无效。如招标投标有违反主管部门主观规定之情形,则另当别论。

息烽县酒厂窖酒车间建筑工程工期,《建筑安装工程工期定额》无明确规定。对双方当事人在承包合同中约定的工期,应认定为有效。

> **简要归纳:** 本答复是关于承、发包双方约定工期的有效性问题的意见。主要包含以下三个方面的内容:
> (1)根据无效的中标结果所签订的建设工程施工合同,因建设工程施工合同的无效,所约定的工期也是无效的;
> (2)因违反法律的强制性规定所签订的建设工程施工合同无效,则所约

要点十二：
建设工程时间节点的确定

定的工期也是无效的；

（3）如果所签订的建设工程施工合同合法有效，原则上所约定的工期是有效的，但也可分为：

①如果所约定工期是符合合理工期的，则约定的工期是有效的；

②如果所约定的工期是在发包人任意压缩合理工期的前提下签订的，则应当变更为合理工期。

要点十三：

建设工程质量责任承担（一）

一、相关条款

（一）《施工合同纠纷司法解释（一）》第十三条

1. 具体条款

发包人具有下列情形之一，造成建设工程质量缺陷，应当承担过错责任：
（一）提供的设计有缺陷；
（二）提供或者指定购买的建筑材料、建筑构配件、设备不符合强制性标准；
（三）直接指定分包人分包专业工程。
承包人有过错的，也应当承担相应的过错责任。

2. 主旨诠释

本条款是关于因发包人原因造成的建设工程质量缺陷责任承担的规定。主要包含以下两个内容：

（1）因发包人原因（如提供的设计有缺陷；提供或者指定购买的建筑材料、建筑构配件、设备不符合强制性标准；直接指定分包人分包专业工程等情形）造成建设工程质量缺陷的，发包人应承担过错责任。

（2）承包人对造成该建设工程质量缺陷有过错的，同样应承担相应的过错责任。具体而言，承包人存在过错的情形可能有如下几种：

①承包人明知（或应当知道）发包人提供的设计存在缺陷，承包人应当发现或已经发现但未及时提出的；

②"甲供"或"甲定乙供"的建筑材料、建筑构配件和设备等不符合强制性标准，承包人未进行检验或经检验不合格仍继续使用的；

③发包人"指定分包"不当造成工程质量缺陷，承包人存在总包管理过错的；发包人提出其他违反法律法规和建设工程安全、质量标准的要求，承包人未予指正并继续施工的。

（二）《施工合同纠纷司法解释（一）》第十四条

1. 具体条款

建设工程未经竣工验收，发包人擅自使用后，又以使用部分质量不符合约定为由主张权利的，人民法院不予支持；但是承包人应当在建设工程的合理使用寿命内对地基基础工程和主体结构质量承担民事责任。

2. 主旨诠释

本条款是关于发包人擅自使用未经竣工验收的建设工程的质量风险责任承担问题。主要包含以下三个方面的内容：

（1）对建筑物的地基基础和主体结构工程，承包人应当在其合理使用寿命内承担质量风险责任。

（2）除建筑物的地基基础和主体结构工程外的部分，承包人承担质量保证责任分为两个阶段：第一阶段是在竣工验收合格前出现工程质量问题的，承包人履行返修义务；第二阶段是在竣工验收合格后至保修期届满前，出现工程质量问题的，承包人履行保修义务。

（3）如果发包人擅自使用建设工程，则免除了承包人对该部分建设工程质量的返修义务和保修义务（地基基础和主体结构工程除外），发包人应自行承担质量风险责任。

（三）《施工合同纠纷司法解释（一）》第十八条

1. 具体条款

因保修人未及时履行保修义务，导致建筑物毁损或者造成人身损害、财产损失的，保修人应当承担赔偿责任。

保修人与建筑物所有人或者发包人对建筑物毁损均有过错的，各自承担相应的责任。

2.主旨诠释

本条款是关于保修期内出现工程质量问题而保修人未及时修复导致建筑物毁损或人身、财产损害的责任承担的规定。主要包含以下两方面内容：

（1）工程竣工进入保修期后，由承包人或其他负有保修义务的主体履行保修义务。若出现工程质量缺陷问题，保修人一般应先进行修复。若不及时履行保修义务造成建筑物毁损或者人身、财产损害的，由保修人承担赔偿责任。

（2）若在保修期内出现质量问题，建筑物所有人或发包人对损害的发生及扩大有过错的，也应根据实际情况承担相应的过错责任，例如，建筑物所有人或发包人使用不当或擅自变动建筑结构或发现质量缺陷后未采取必要减损措施而放任事故发生的。

二、条款解读

（一）承包人承担工程质量责任的几个概念

法律对建设工程质量的保护与一般产品有所不同。由于建设工程的使用者或管理者的不特定性，使得建设工程质量关系到不特定人的生命和财产安全，关系到社会资源的合理利用及社会效率。因此，质量优先是作为当代中国建筑法立法宗旨之一。为了体现这一宗旨，《建筑法》在施工许可、主体资质、承包发包、工程监理以及责任承担等方面均作出了相应规定，对意思自治进行了适当的干涉和限制。由于工程质量主要由承包人负责，以工程竣工时点为界限，承包人分别承担返修义务和保修义务。

1.返修义务和保修义务的产生

工程竣工之前，承包人承担的是工程质量返修义务。工程竣工之后，承包人承担的是工程质量的保修义务。承包人承担返修义务和承担保修义务的法理基础、承担方式以及救济方法等均有所不同。

作为特殊的承揽合同，建设工程施工合同中承包人的主要义务是按时保质地完成建设工程。因此，如果工程竣工前存在质量问题，应由施工单位承担返修责任，这是承包人履行合同主要义务的具体体现。而通过修理、返工或改建使其所承建的建设工程质量完全符合工程质量标准，其所发生的费用应由施工单位自行承担。如果因此造成建设单位其他损失的，还应按约定或法律规定承担赔偿责任。但如果承包人拒绝修理、返修或者改建，即拒绝履行返修义务的，则根据工程部位承担不同的法律后果。若属于主体结构部位的，发包人可以解除合同、拒绝支付工程价款并要求承包人承担违约责任。若属于非主体结构部位的，发包人可以解除合同、减少支付拒绝修复部位对应的价款并要求承包人承担违约责任。

建筑工程质量保修制度是指建筑工程竣工日期之后，在保修期限内，承包人对建筑工程存在的缺陷负责修复的制度。保修责任是承包人对建设工程质量瑕疵担保的体现。所谓瑕疵担保是承担交付义务的当事人对其所交付的标的物保证无瑕疵的承诺。而瑕疵包括无形瑕疵和有形瑕疵。无形瑕疵主要指交付标的物的权利瑕疵，即权利是否完整、是否存在其他权属、是否被司法机关查封等。而有形瑕疵主要指质量瑕疵，即所交付的标的物的质量是否符合约定或法定的要求、是否存在缺陷等。

其中，质量瑕疵一般包括隐蔽瑕疵和明显瑕疵。明显瑕疵是指在交付标的物时，通常不需要专业知识或检测手段即能被发现的外在质量缺陷。反之，需要专业知识或检测手段才能被发现的质量缺陷则被称为隐蔽瑕疵。通常明显瑕疵在施工过程中或竣工验收中已通过修理、返工或改建等予以消除，而隐蔽瑕疵往往需要一定时间或一定条件才能显现出来，故其一般属于建设工程质量保修责任的范畴。

2.返修和保修的主要依据

返修责任的依据主要是：①施工图及说明书；②招标投标文件；③建设工程施工承包合同；④在施工阶段所进行的变更签订；⑤国家颁发的施工验收规范；⑥国家颁发的质量检验标准等。而保修责任的依据除了上述内容外，理论上还包括：①返修责任的依据；②质量保修书；③施工工艺技术规范等。质量保修书中应当明确建设工程的保修范围、保修期限和保修责任等。

笔者认为，无论是返修义务还是保修义务均是针对施工质量而言的。保修义务根据工程部位不同，其承担的保修期限也不同。主体工程的保修期限是设计年限，而非主体工程的保修期限从两年到五年不等。保修仅对因施工工艺问题产生的质量承担责任。对于承包人未按图施工、以次充好，以及弄虚作假改变建筑材料、构配件和设备等行为，则不受保修期限限制。

3. 质量保证金与质量保修金

建设工程施工合同中往往会出现两个不同的概念，即工程质量保证金与工程质量保修金。所谓工程质量保证金是指承包人根据发包人的要求，在建设工程施工合同履行前交付给发包人，用以保证建设工程施工质量的金钱担保。主要用于保证建设工程竣工验收前的施工质量。而质量保修金是指承、发包双方根据法律关于保修制度要求，在建设工程竣工验收后，从应付工程款中预留一定比例的金额用以维修在保修期限内出现的质量缺陷的金钱担保。

一般情况下，工程质量保证金主要针对承包人在承包过程中所承建的工程质量，竣工验收前归还给承包人；而工程质量保修金则是为承包人承担保修义务而设定，一般按竣工结算工程造价的一定比例予以暂扣，待到保修期结束后，发包人退还给承包人。从理论角度而言，如果承包人拒绝履行保修义务而由第三方进行保修的，若发包人支付给第三方的保修费用大于保修金部分，发包人可以向承包人进行追偿。

工程结算余款支付的法定时间是工程交付之时，而孳息跟随原物，故笔者认为发包人退还保修金时应当将利息一并退还。

4. 承包人不承担责任的主要情形

发包人擅自使用未经验收合格的建设工程，视为发包人对建筑工程质量的认可，其工程质量的风险也随之转移给发包人。如果发包人擅自使用未经验收的建设工程，笔者认为发包人应当承担以下法律后果：

（1）免除擅自使用部位的返修义务

对未经竣工验收的建设工程，承包人对工程质量有返修的义务，但如果发包人擅自使用，则视为对擅自使用部位的工程验收合格。所以，承包人不需要再承担工程质量的返修义务。

（2）免除擅自使用部分的保修义务

由于发包人的擅自使用，不仅免除承包人相应部位的返修义务，也应免除承包人相应部位的保修义务。承包人仅需对地基基础工程和主体结构质量，在合理使用寿命内承担民事责任。

（3）承担相应的行政处罚

如果发包人擅自使用未组织验收的建设工程，行政主管部门可以责令改正，并处以工程合同价款百分之二以上百分之四以下罚款。

（二）承包人主要义务的正确理解

《建筑法》规定，施工质量作为建设工程质量的主要决定因素应由承包人负责。在此基础上，《工程质量管理条例》进一步细化规定，承包人应确定工程项目的项目经理、技术负责人和施工管理负责人，通过建立质量责任制以具体落实其施工质量责任。对承包人而言，最主要的义务是按工程设计图纸和施工技术标准施工。工程设计图纸体现建设单位对工程的质量要求并应符合国家法定的质量标准。故为保证建设工程的质量，《建筑法》第五十八条就建筑施工企业"按图施工"的法定义务做了规定。所以，施工单位应当正确理解"按图施工"的法律概念。

1."按图施工"的"图"应作狭义理解

根据《工程质量管理条例》第十一条第二款之规定，结合《勘察设计管理条例》第三十三条之相关规定，施工图设计文件中涉及公共利益、公众安全、工程建设强制性标准的内容应当经有关行政主管部门审查并批准，否则不得使用。据此，承包人开展施工作业所依据的图纸，应当专指经有关行政主管部门审核批准的施工图设计文件。

2."按图施工"的"按"应作广义理解

根据《建筑法》第五十八条第二款之规定，结合《工程质量管理条例》第二十八条第一款之规定，承包人除应当严格按照工程设计图纸和施工技术标准施工外，不得擅自修改工程设计。《勘察设计管理条例》在禁止施工单位修改设计的基础上，进一步规定如确需修改的，应由原设计单位，或经其同意由建设单位委托其他设计单位修改。据此，"按"的内容，不但包括应当按照设计图纸和施工技术标准施工，而且包括不得擅自修改工程设计文件。

3."按图施工"的理解不应绝对化

对于"按图施工"的理解不应绝对化,即在发现设计文件存在错误的情况下,施工单位不应教条地继续执行。我国建筑法律体系赋予施工单位关于设计文件的法定义务,即根据《工程质量管理条例》第二十八条第二款规定,施工单位发现图纸有差错的,应及时提出意见和建议。而《勘察设计管理条例》对于其中有关工程质量的差错进一步规定为施工单位发现勘察、设计文件不符合工程建设强制性标准、合同约定的质量要求的,应向建设单位报告。

虽然向承包人按时提供符合规范和技术要求的设计文件、施工图纸等技术资料是发包人的法定义务,但是,承包人在发现发包人所提供的设计文件、施工图纸等技术资料存在差错时,及时向发包人提出意见和建议也是法律赋予施工单位的义务。承包人发现或应当发现差错但没有及时向发包人提供意见和建议而继续施工,造成工程质量缺陷的,应当承担过错责任。如何判断承包人有过错,笔者认为应主要根据技术资料的差错性质、承包人的资质、投标时的业绩等来确定:

(1)如果设计文件、施工图纸等技术资料的差错是笔误造成的,并以一般知识均可判别的,应属于"承包人应当发现"的差错。

(2)如果设计文件、施工图纸等技术资料的差错虽属于技术层面,但很明显,而施工单位的资质较高、投标过程中所提交的业绩情况相当优秀,则一般可以认定施工单位对该差错是"应当发现"的。

4."按图施工"包括使用要求的材料施工

建设工程施工合同的标的物是承包人的劳动和建筑材料物化形成的建筑产品,承包人除需按技术规范进行施工活动外,其所使用的材料也应当符合标准和要求。因此,施工单位必须按照设计要求、技术标准和合同约定对其供应商提供的建材、构配件、设备和商品混凝土进行检验。如果承包人没有履行检验义务,将不合格的建材、构配件、设备和商品混凝土使用到建设工程中造成建设工程质量存在瑕疵,或者虽履行检验义务但仍将检验结果不合格的建材、构配件、设备和商品混凝土使用到建设工程中造成建设工程质量存在瑕疵的,其责任理应由施工单位承担。

如果承、发包双方约定采取"甲供料",则向承包单位按时保质提供甲供材料是建设单位的义务。此时，对发包人提供的建材、构配件、设备和商品混凝土按照工程设计要求、施工技术标准以及合同约定进行检验仍是施工单位的义务。如果承包人没有履行检验义务，将不符合国家强制性标准的"甲供料"使用到建设工程中造成工程质量缺陷的，也应当承担过错责任。

5.总包对分包工程质量问题承担责任

若分包工程质量存在问题，应先由总包与分包向发包人承担连带责任，再根据总包与分包的过错承担相应的比例。若指定分包工程质量存在问题，应由发包人对分包单位的指定行为的正确与否承担相应责任。

（三）工程质量的保修义务和保修责任

针对建设工程在竣工验收完成以后所出现的质量缺陷，《建筑法》第六十二条第一款与《工程质量管理条例》第三十九条第一款均规定，我国实行"质量保修制度"。根据《工程质量管理条例》第四十一条关于保修制度内容的规定，承包人应就建设工程在保修范围和保修期限内出现的质量缺陷履行保修义务。据此，"保修范围"与"保修期限"是承包人履行保修义务的决定因素，其具体范围和期限可依据双方约定或根据法律法定予以确定。

首先，就质量保修范围和质量保证期，建设工程的承包人与发包人可以在施工合同中约定，或可根据《工程质量管理条例》第三十九条第二款之规定，通过承包人在提交工程竣工验收报告时出具的"质量保修书"予以明确，还可以通过往来函件、补充协议等其他合意形式进行具体明确。

其次，《建筑法》第六十二条第二款规定，建设工程法定的保修项目包括地基基础、主体结构、屋面防水和其他土建，以及电气管线、上下水管线安装，供热、供冷系统工程等，其最低的保修期限以"保证建筑物合理寿命年限内正常使用，维护使用者合法权益的原则"确定。在此基础上，《工程质量管理条例》对正常使用条件下，上述法定范围与期限予以细化和补充，具体为：基础设施、房屋建筑的地基基础和主体结构工程、屋面防水工程、有防水要求的卫生间、房间和外墙面的防渗漏、供热供冷系统、电气管线、给水排水管道、设备安装和装修工程；期限相应细化为：设计的合理使用年限、5年、2个供暖或供冷期、2年。基于法定保修范围与最低保修期限的强制性，在上述约定及法定范围与期限不一致的情况下,应当遵循"就高不就低"的原则进行确定。此外,对于保修期的期限起算时间,根据《工程质量管理条例》规定,应自竣工验收合格之日起计算。

在保修范围和保修期限内出现质量缺陷的,保修义务由施工单位履行。但是,责任最终由造成质量缺陷的责任方承担。事实上,质量缺陷的责任方并非必然是施工单位,也可能是设计单位、勘察单位,乃至建设单位。对于保修期内出现的质量问题,不可能在查清责任方后才进行保修。故实务中一般按以下程序进行:先由建设单位组织勘察、设计、施工等单位分析质量原因。如果涉及结构安全或严重影响使用功能的紧急抢修事故的,施工单位接到保修通知后,应当立即到达现场抢修。对于其中涉及结构安全的质量缺陷,施工单位则需要由原设计单位或具有相应资质等级的设计单位提出保修方案才能实施保修。保修完成并经验收后,需要报当地建设行政主管部门备案。

如果不涉及结构安全或严重影响使用功能的紧急抢修事故的,施工单位接到保修通知后,应当到现场核查情况,并在保修书中约定的时间内实施保修。保修完成后,需建设单位验收通过。如果施工单位不按保修书中约定进行保修的,建设单位可以另行委托其他单位保修。若因保修不及时造成新的人身、财产损害,施工单位应承担相应赔偿责任。

工程质量保修费用的承担,根据质量缺陷的原因不同,可以分为以下几种情况:

(1)如果质量缺陷是由于施工单位施工造成的,保修费用由施工单位承担;

(2)如果质量缺陷是由于勘察单位或设计单位造成的,由施工单位负责保修,其费用通过建设单位向勘察单位或设计单位追偿;

(3)如果质量缺陷是由于建设单位提供的建筑材料、建筑构配件、商品混凝土和设备等质量不合格引起的,由施工单位负责保修,保修费用由建设单位承担;

(4)如果质量缺陷是由于使用不当或不可抗力造成,则不属于保修范围。

作为保修人的承包人违反"质量保修制度"应承担的法律责任主要有:

(1)拒绝或迟延履行保修义务的,根据《建筑法》与《工程质量管理条例》的有关规定,应责令改正,处10万元以上20万元以下的罚款,并对在保修期内因屋顶、墙面渗漏、开裂等质量缺陷造成的损失承担赔偿责任;

(2)申请资质升级或增项之日起前一年内,因此造成严重后果的,根据《建筑业企业资质管理规定》该申请不予准许;

(3)由于未及时保修而造成建筑物毁损或人身、财产损害的,应予以赔偿;

(4)如果建筑物所有人或者发包人对建筑物毁损有过错,作为保修人的承包人未及时保修而导致建筑物毁损或造成人身、财产损害的，按过错比例承担相应责任。

三、建议与提醒

（1）保修期只针对承包人的施工质量，但如果承包人以次充好、弄虚作假改变建筑材料、构配件和设备的，原则上不受保修期限的限制。如果超过约定或法定保修期后，地基工程和主体结构出现质量问题，只要在工程合理使用寿命期限内的，承包人仍应承担相应责任。

（2）我国的司法实践中，施工合同的有效与否原则上不影响施工单位承担包括质量保修义务在内的工程质量责任。如果尚在保修期内，但保修金已退还的，承包人仍应履行保修义务。如果承包人拒绝履行其义务，发包人可以委托第三方完成保修义务，费用由承包人承担。

（3）作为发包人而言，应当注意以下几点：①依法发包，切忌违法发包、肢解发包工程；②应注意审查承包人的资质情况，避免选用超越资质等级甚至无资质的承包人；③确保"甲供料"符合设计文件和合同要求的质量标准；④严格执行施工图设计文件保审义务，及时向承包人提供原始材料；⑤避免向承包人提出违反强制性标准的要求。

（4）作为承包人而言，应当注意以下几点：①承揽工程应符合自身资质等级，避免超越资质等级甚至无资质承揽工程；②注意审查分包商的资质情况，切忌违法分包，总承包单位还应注意履行总包管理义务，避免因分包单位施工质量原因导致承担连带责任；③注意审查设计图纸，发现问题要及时提出；④严格依照合同约定和设计要求采购材料，对"甲供料"应及时检验，并保留检验记录，拒绝使用不合格的材料。

（5）发包人未经竣工验收擅自使用的，承包人应注意与其办理交接手续，并注意固定发包人已实际使用的事实。竣工后应及时向发包人提交竣工验收报告，并妥善保管签收报告的书面凭证等，避免承担未及时验收的责任。

（6）承包人在保修期间接到维修通知后应当及时响应，并注意保留处理记录。若发包人或建筑物所有人、管理人未经通知承包人，径行委托第三方进行维修，承包人不存在怠于履行保修义务的情况的，可以不承担相应的维修费用。

四、法条链接

《中华人民共和国建筑法》

第五十五条　建筑工程实行总承包的，工程质量由工程总承包单位负责，总承包单位将建筑工程分包给其他单位的，应当对分包工程的质量与分包单位承担连带责任。分包单位应当接受总承包单位的质量管理。

第五十六条　……勘察、设计文件应当符合有关法律、行政法规的规定和建筑工程质量、安全标准、建筑工程勘察、设计技术规范以及合同的约定……

第五十八条　建筑施工企业对工程的施工质量负责。

建筑施工企业必须按照工程设计图纸和施工技术标准施工，不得偷工减料。工程设计的修改由原设计单位负责，建筑施工企业不得擅自修改工程设计。

第五十九条　建筑施工企业必须按照工程设计要求，施工技术标准和合同的约定，对建筑材料、建筑构配件和设备进行检验，不合格的不得使用。

第六十二条　建筑工程实行质量保修制度。

建筑工程的保修范围应当包括地基基础工程、主体结构工程、屋面防水工程和其他土建工程，以及电气管线、上下水管线的安装工程，供热、供冷系统工程等项目；保修的期限应当按照保证建筑物合理寿命年限内正常使用，维护使用者合法权益的原则确定。具体的保修范围和最低保修期限由国务院规定。

第七十五条　建筑施工企业违反本法规定，不履行保修义务或者拖延履行保修义务的，责令改正，可以处以罚款，并对在保修期内因屋顶、墙面渗漏、开裂等质量缺陷造成的损失，承担赔偿责任。

《中华人民共和国民法典》

第七百九十五条　施工合同的内容一般包括工程范围、建设工期、中间交工工程的开工和竣工时间、工程质量、工程造价、技术资料交付时间、材料和设备供应责任、拨款和结算、竣工验收、质量保修范围和质量保证期、相互协作等条款。

第八百零一条　因施工人的原因致使建设工程质量不符合约定的，发包人有权请求施工人在合理期限内无偿修理或者返工、改建。经过修理或者返工、改建后，造成逾期交付的，施工人应当承担违约责任。

《建设工程质量管理条例》

第九条　建设单位必须向有关的勘察、设计、施工、工程监理等单位提供与建设工程有关的原始资料。原始资料必须真实、准确、齐全。

第二十六条第二款　施工单位应当建立质量责任制，确定工程项目的项目经理、技术负责人和施工管理负责人。

第二十八条　施工单位必须按照工程设计图纸和施工技术标准施工，不得擅自修改工程设计，不得偷工减料。

施工单位在施工过程中发现设计文件和图纸有差错的，应当及时提出意见和建议。

第三十二条　施工单位对施工中出现质量问题的建设工程或者竣工验收不合格的建设工程，应当负责返修。

第三十九条　建设工程实行质量保修制度。建设工程承包单位在向建设单位提交工程竣工验收报告时，应当向建设单位出具质量保修书。质量保修书中应当明确建设工程的保修范围、保修期限和保修责任等。

第四十条　在正常使用条件下，建设工程的最低保修期限为：

（一）基础设施工程、房屋建筑的地基基础工程和主体结构工程，为设计文件规定的该工程的合理使用年限；

（二）屋面防水工程、有防水要求的卫生间、房间和外墙面的防渗漏，为5年；

（三）供热与供冷系统，为2个供暖期、供冷期；

（四）电气管线、给排水管道、设备安装和装修工程，为2年。

第六十六条　违反本条例规定，施工单位不履行保修义务或者拖延履行保修义务的，责令改正，处10万元以上20万元以下的罚款，并对在保修期内因质量缺陷造成的损失承担赔偿责任。

《建筑业企业资质管理规定》

第二十一条　取得建筑业企业资质的企业，申请资质升级、资质增项，在申请之日起前一年内有下列情形之一的，资质许可机关不予批准企业的资质升级申请和增项申请：

……（十）未依法履行工程质量保修义务或拖延履行保修义务，造成严重后果的……

《浙江省高级人民法院〈关于审理建设工程施工合同纠纷案件若干疑难问题的解答〉》

第四条　建设工程施工合同中约定的正常使用条件下工程的保修期限低于国家和省规定的最低期限的，该约定应认定无效。

第二十条　建设工程施工合同无效，不影响发包人按合同约定、承包人出具的质量保修书或法律法规的规定，请求承包人承担工程质量责任。

《房屋建筑工程质量保修办法》

第十二条　施工单位不按工程质量保修书约定保修的，建设单位可以另行委托其他单位保修，由原施工单位承担相应责任。

《建设工程勘察设计管理条例》

第二十八条　建设单位、施工单位、监理单位不得修改建设工程勘察、设计文件；确需修改建设工程勘察、设计文件的，应当由原建设工程勘察、设计单位修改。经原建设工程勘察、设计单位书面同意，建设单位也可以委托其他具有相应资质的建设工程勘察、设计单位修改……建设工程勘察、设计文件内容需要作重大修改的，建设单位应当报经原审批机关批准后，方可修改。

第三十三条　县级以上人民政府建设行政主管部门或者交通、水利等有关部门应当对施工图设计文件中涉及公共利益、公众安全、工程建设强制性标准的内容进行审查。施工图设计文件未经审查批准的，不得使用。

要点十四：

建设工程质量责任承担（二）

一、相关条款

（一）《施工合同纠纷司法解释（一）》第十三条

1. 具体条款

发包人具有下列情形之一，造成建设工程质量缺陷，应当承担过错责任：

（一）提供的设计有缺陷；

（二）提供或者指定购买的建筑材料、建筑构配件、设备不符合强制性标准；

（三）直接指定分包人分包专业工程。

承包人有过错的，也应当承担相应的过错责任。

2. 主旨诠释

本条款是关于因发包人原因造成工程质量问题责任承担的法律规定。

发包人的主要义务是按时足额支付工程价款。所以，通常发包人对工程质量缺陷不承担责任。但是，如果发包人在履行其他法定义务或者合同义务时存在瑕疵并因此造成建设工程质量缺陷的，发包人应当承担相应的法律责任。本条款列举了三种发包人应当承担相应的法律责任的情形：

（1）发包人的义务之一是提供符合要求的设计图纸，如果由于发包人提供的设计图纸有问题而造成工程质量缺陷的，原则上应由发包人承担相应的责任。

（2）如果因为"甲供料"或"甲定乙供"的建筑材料、建筑构配件和设备等不符合强制性标准而造成工程质量缺陷的，由发包人承担相应的责任。

（3）承包人在符合法律规定的前提下，经发包人同意可将其承包的工程进行分包。但是，也不排除分包单位是由发包人直接指定，这就是通常所称的"指定分包"。如果发包人指定分包工程是由于指定不当造成工程质量存在缺陷的，发包人应当对其指定不当而造成工程质量缺陷承担相应的责任。

（二）《施工合同纠纷司法解释（一）》第十四条

1. 具体条款

建设工程未经竣工验收，发包人擅自使用后，又以使用部分质量不符合约定为由主张权利的，人民法院不予支持；但是承包人应当在建设工程的合理使用寿命内对地基基础工程和主体结构质量承担民事责任。

2. 主旨诠释

本条款是关于发包人擅自使用未经竣工验收的建设工程的质量风险责任承担问题。主要包含以下三个方面的内容：

（1）对建筑物的地基基础和主体结构工程，承包人应当在其合理使用寿命内承担质量风险责任。

（2）除建筑物的地基基础和主体结构工程外的部分，承包人承担质量保证责任分为两个阶段：第一阶段是在竣工验收合格前出现工程质量问题的，承包人履行返修义务；第二阶段是在竣工验收合格后至保修期届满前，出现工程质量问题的，承包人履行保修义务。

（3）如果发包人擅自使用建设工程，则免除了承包人对该部分建设工程质量的返修义务和保修义务（地基基础和主体结构工程除外），发包人应自行承担质量风险责任。

（三）《施工合同纠纷司法解释（一）》第十六条

1. 具体条款

发包人在承包人提起的建设工程施工合同纠纷案件中，以建设工程质量不符合合同约定或者法律规定为由，就承包人支付违约金或者赔偿修理、返工、改建的合理费用等损失提出反诉的，人民法院可以合并审理。

2.主旨诠释

本条款是关于发包人就工程质量不符合约定或者法律规定时如何主张权利的规定，主要包含以下两方面的内容：

（1）司法实践中，发包人为了实现少付或不付工程价款的目的所常用的理由就是存在工期延误和质量问题。本条款对于发包人就质量问题提出的主张是抗辩还是反诉做了明确解释。由于抗辩只能在原告诉请范围内主张减轻或免除自身责任，而不能要求对方承担责任。故需根据发包人主张的内容来判断是抗辩还是反诉：如发包人以建设工程存在质量问题为由，要求减少支付或拒绝支付工程价款的，因其只是对承包人诉请内容的对抗，并不存在明确具体的主张，故属于抗辩；如发包人以建设工程存在质量问题为由，要求承包人支付违约金或者赔偿修理、返工、改建的合理费用等损失的，因其内容明确具体，符合民事诉讼法中一个独立的"诉"的全部条件，故属于反诉。

（2）根据《最高人民法院关于适用〈中华人民共和国民事诉讼法〉若干问题的解释》第二百三十二条之规定，在案件受理后，法庭辩论结束前，原告增加诉讼请求，被告提出反诉，第三人提出与本案有关的诉讼请求，可以合并审理的，人民法院应当合并审理。故若发包人就质量问题提出反诉，符合反诉受理条件的，应当与本诉合并审理，而不应告知当事人另行起诉。

二、条款解读

（一）发包人存在不当行为应承担质量责任

通常的承揽工作是在承揽人了解定作人的"意图或要求"后，开始"丈量或勘察"，再进行"准备或设计"，最后由其"制作或施工"完成定作物。因此，从该角度而言，发包人只要表达明确己方对最终标的物的"意图"后，至标的物成形间的所有工作均由承包人完成。发包人只要积极履行合同义务和法定义务，如最终出现质量问题则无须承担责任，但也有例外存在。

1. 擅自使用产生的责任

笔者认为，对《施工合同纠纷司法解释（一）》第十四条的正确理解应当是：若发包人擅自使用建设工程，承包人仅对地基基础工程和主体结构部位承担保修义务，对使用部位则免除返修义务及保修义务。

首先，该条款明确了发包人擅自使用建设工程的，对其以质量不符合约定主张权利不予支持，而承包人对质量不符合约定的责任承担包括返修责任和保修责任。因此，这种情形下承包人既不承担返修责任，也不承担保修责任。

其次，由于未经竣工验收，发包人的擅自使用事实上导致了无法判断其应属于"返修"范畴，还是"保修"范畴。

再次，本条款最后明确了承包人仅对地基基础工程和主体结构质量承担民事责任。

最后，发包人不组织验收而擅自使用的行为与《建筑法》保证公共安全的立法宗旨相违背。因此，以上理解是完全符合《建筑法》立法精神的。

2. 技术资料瑕疵产生的责任

除了按时足额支付工程款的主要义务外，按时提供施工条件是建设单位的附随义务，具体表现就是要求其按时提供施工场地和保证质量要求的施工图纸等技术资料。

如果发包人提供的设计文件、勘察数据、施工图纸以及说明书等技术资料存有缺陷，施工单位按图施工却造成建设工程质量问题，首先应由发包人承担责任。其次，根据技术资料存在瑕疵的原因，依据其与勘察单位、设计单位所签订的委托合同，判断是否追究受托单位的相应法律责任。如果勘察单位未按国家强制性标准进行勘察，或因其他原因造成勘察文件不真实或不准确以致设计文件出现瑕疵，最终施工单位按图施工却造成工程质量问题的，其最终责任应由勘察单位承担。

如果设计单位未按国家强制性标准进行设计，或者设计文件所选用的建筑材料、建筑构配件或设备不符合国家规定等原因造成工程质量问题的，其最终责任应由设计单位承担。

3."不纯粹行为"产生的责任

建设工程合同是特殊的承揽合同,其标的物是劳动和建筑材料所物化的建筑产品,而标的物的对价是工程造价,即由人、材、机等直接费,措施费、管理费等间接费,以及税费和利润等。因此,无论就定性还是定量的组成,完整的承包权应当包括材料和设备的采购以及分包权。

实践中,发包人往往会通过材料、设备采购和分包体现其意志,导致自己无法成为"纯粹"的发包人,故应对其干涉行为可能产生的不利后果承担责任。

（1）"甲供料"不符合国家强制性标准

通常情况下,建筑材料、建筑构配件和设备均由承包人提供,但发包人为了控制造价和保证工程质量,往往会在施工合同中约定部分价高量多的建筑材料、建筑构配件和设备由发包人提供,即俗称的"甲供料",或约定由发包人提定产品品牌或供应商并由承包人采购的形式,即俗称的"甲定乙供"。

无论"甲供料"还是"甲定乙供",建设单位均应保证所提供的建材、构配件和设备符合设计文件及施工合同的要求。且建设单位不得明示或暗示施工单位使用不合格的建材、构配件和设备。

（2）指定分包的单位有误

在实务中,发包人出于保证工程质量和控制工程造价等目的,可能会在施工合同中约定部分分包主体的选择由发包人决定,即俗称的"指定分包"。

法律规定,分包与总包就分包工程对发包人承担连带责任。但如果由于发包人指定分包的主体造成工程质量问题的,发包人应就其指定分包行为承担相应的责任。这既是对总承包人承包权的保护,也是公平原则的具体体现。

（二）发包人因分别发包可能承担责任

当代建筑法体系基于分别发包模式建立,即分别将勘察、设计和施工发包给不同的主体。故除发包人存在过错行为产生责任外,还可能因分别发包模式造成发包人承担质量瑕疵的风险。

1.验收时的"共同抗辩"

通常情况下,工程交付以验收合格为前提。并且,其应是承包人取得工程价款这一债权的法定时点。因此，所有工程节点中，工程竣工这一时点最为重要，也最具法律含义。但是，法律规定工程竣工验收由发包人组织，即由相对不具备专业知识和经验的发包人组织一批具有专业资质和能力的单位（包括勘察、设计、施工、监理等）进行验收。而上述专业单位主观上均存在希望验收合格的驱动力。在这种驱动力的影响下，参加验收的单位无需事前协商就可形成"共谋"。

事实上，验收己方工作本身就是违背逻辑的。因此，上述单位对于验收时发现的问题，本能地会选择"共同抗辩"并且相互配合。若共同抗辩不成，则立即相互推诿。若共同抗辩成功，则发包人就有可能为此承担本不该承担的技术风险，并以"事实质量有问题"而"法律质量无问题"的状态进入保修期。

2. 责任区分存在问题

分别发包下的质量问题可能因勘察报告产生，可能因设计产生，可能因施工造成，也可能是各种原因叠加产生。而无论如何，发现质量问题往往是在工程完工后。因此，判断原因或区分责任在技术层面或法律层面往往会存在一定难度或障碍，导致责任无法区分，造成发包人损失进一步扩大的可能。

3. 归责方式不统一

即便责任分担不存在问题，也可能因归责原则的不同而导致损失差额由发包人承担。

例如：勘察设计合同中往往会约定设计错误造成的损失，设计人以设计费为限承担责任，而施工承包合同往往会约定各自承担违约造成的损失。若设计费为250万元，施工合同的工程价款是2200万元，即便设计人承担全部责任，而施工承包人要求发包人支付的可能是2200万元的工程价款以及800万元的其他损失（如拆除费、工期顺延损失等）。此时，上述价款之间的庞大差价将由发包人自行承担。

4. 诉讼结果差异

退而言之，即便责任区分明确，各方归责方式一致，最终也可能因诉讼结果的差异而造成发包人承担相应责任。首先，我们必须明确，法律事实不等于客观事实。客观事实是抽象的，而法律事实是由当事人（或代理人）以具体证据通过具体规则所呈现的。当事人向法庭提供的证据越充分，逻辑性越强，对证据规则的运用越成熟,则法律事实越接近客观事实。反之,则背离越远。也因此,常常会出现客观事实与法律事实相差甚远的正确判决。

例如,承包人根据施工合同要求发包人承担1500万元的损失,而发包人根据设计合同要求设计人承担1500万元损失并退还250万元的设计费。若承包人的主张被法院全部支持,而另案中发包人的主张仅部分被法院支持,则其差额将由发包人自行承担。

(三)承发包双方共同承担责任的原因

发包人理论上不应当承担工程质量缺陷责任,但在发包人存在前述行为过错的前提下有可能需承担责任,也会由于发包人的分别发包以及分别发包合同的约定等原因而承担责任。同时,如承包人存在过错,也需承担相应的过错责任。具体原因主要如下:

1.发包人提供的技术资料存在瑕疵,承包人应当发现而未发现

向承包人按时提供符合规范和技术要求的设计文件、施工图纸等技术资料是发包人的法定义务。而承包人就其发现发包人所提供的设计文件、施工图纸等技术资料存在的差错应及时向发包人提出意见和建议,也是法律赋予承包人的义务。承包人发现差错而没有及时向发包人提供意见和建议并继续施工的,造成工程质量缺陷的责任,则由发包人与承包人根据其过错程度共同承担。承包人应当发现而未发现技术资料的差错并继续施工的,造成工程质量缺陷的责任,同样应与发包人根据其过错程度共同承担。如何判断"承包人应当发现",笔者认为应主要根据技术资料的差错性质来确定:

(1)如果设计文件、施工图纸等技术资料的差错是笔误等简单错误造成的,并以一般知识均可判别的,这种情况属于承包人应当发现的差错。

(2)如果设计文件、施工图纸等技术资料的差错属于技术层面的简单疏漏,而承包人的资质较高,投标过程中所提交的业绩情况又十分优秀,则一般可以认定该承包人对该差错是应当发现的。

2."甲供料"不符合国家强制性标准,承包人未履行检验义务

如果承发包双方约定采用"甲供料"的,向承包人按时保质提供甲供材料是发包人的义务，而对发包人提供的建材、构配件、设备和商品混凝土按照工程设计要求、施工技术标准以及合同约定进行检验则是承包人的义务。

如果承包人没有履行检验义务，而将不符合国家强制性标准的"甲供料"使用到建设工程中，或者虽然履行检验义务并发现了不符合国家强制性标准的"甲供料"，但还是将其使用到建设工程中，造成工程质量缺陷的，则由发包人与承包人共同承担责任。

3.指定分包不当，承包人未履行（或未充分履行）总包管理义务

实行总承包的施工单位应当履行总包管理义务，对承包范围内的全部工程质量负责。如果仅仅是由于总承包人未适当履行对指定分包人的总包管理义务，造成建设工程质量存在缺陷，则由总承包人与指定分包人就该质量问题向建设单位承担连带责任。但是，如果发包人指定分包的行为有过错，则发包人也应承担相应的责任。

虽然合同违约责任的归责原则通常采取无过错原则，即只要不履行义务或履行义务不符合要求，其对造成的损失就应当承担赔偿责任。而《施工合同纠纷司法解释（一）》第十三条第二款对承包人归责原则却采取过错原则，即只有承包人有过错时才就该过错承担相应责任，但是该款规定对过错没有程度的要求，即无论承包人主观上是一般过失、重大过失还是故意均须承担责任。

三、建议与提醒

（1）建设工程合同是特殊的承揽合同。从理论上而言，发包人不可能承担技术风险，即不可能就工程质量承担责任。但若发包人违规、违法或干涉承包权，则应当就上述干涉行为承担相应责任。

（2）发包人可能因其提供的技术文件存在瑕疵而承担责任。但此种情况下，承担责任后，其可向勘察单位、设计单位或监理单位进行追偿。因此，在与设计、勘察、监理等单位签订合同时，应尽量不约定责任免除或责任限定条款，例如：在工程设计合同中尽量不要出现"若设计造成损失的，设计单位最高承担的赔偿额以收取的设计费为限"类似约定。同时，应尽可能使约定的争议解决方式与施工合同一致。

（3）承包人应当对《建筑法》中的禁止性、命令性规范有所了解，尤其对关系到工程质量的禁止性规范应予以特别重视。保证地基基础和主体结构的工程质量是承包人要求支付工程价款的基本前提，无论发包人是否擅自使用，亦或是竣工后、保修期届满，只要在合理使用寿命内，承包人就必须保证地基基础和主体结构的质量。

（4）承包人"根据规范、按图施工"应当至少包括以下四方面：①按照发包人提供的施工图纸施工；②按照国家规定的施工技术规范进行施工；③按照设计要求、国家技术标准或合同约定使用经检验合格的建材、构配件、设备和商品混凝土；④按照合同约定或法律规定履行总包管理义务。

（5）工程质量对工程造价的影响，主要可归纳为以下几点：

1）建设工程一次性验收合格且施工合同合法有效的，工程造价应按施工合同中有关约定进行结算。

2）建设工程一次性验收合格的，但签订的施工合同无效的，工程造价应参照实际履行的合同关于工程价款的约定折价补偿。

3）建设工程经修复后验收合格，且施工合同合法有效的，工程造价应按施工合同中有关约定进行结算，修复费用由承包人承担。若承包人拒绝承担的，发包人有权从工程造价中予以扣除。

4）建设工程经修复后验收合格，但所签订的施工合同无效的，工程造价应参照实际履行的合同关于工程价款的约定折价补偿，修复费用由承包人承担。如果承包人拒绝修复，发包人有权从工程造价中予以扣除。

5）若工程质量问题无法修复，发包人原则上有权拒绝支付工程价款。

（6）未经验收合格的建设工程不得擅自使用，否则将承担以下法律后果：

1）除被行政机关责令重新验收外，还可能被处以工程合同价款的百分之二以上百分之四以下的行政罚款。

2）免除承包人对擅自使用部位的返修义务。

3）除地基基础工程和主体结构在合理寿命内的民事责任以外，免除承包人对擅自使用部分的保修义务。

4）承担因擅自使用造成的损失赔偿。

四、法条链接

《中华人民共和国建筑法》

第五十五条　建筑工程实行总承包的，工程质量由工程总承包单位负责，总承包单位将建筑工程分包给其他单位的，应当对分包工程的质量与分包单位承担连带责任。分包单位应当接受总承包单位的质量管理。

> **简要归纳：** 本条款是关于总承包单位与分包单位就分包工程向发包人承担连带责任的法律规定。主要包含以下三方面内容：
>
> （1）总承包单位对总承包范围内的工程质量负责，即既对自己承建部分工程的质量负责，又对自己未实际承建的分包工程的质量负责。
>
> （2）总承包人对自己未实际承建的分包工程的质量负责的表现形式是与分包人向发包人承担连带责任。
>
> （3）总承包人对分包工程项目有权进行质量管理，分包人也有义务接受其质量管理。

第五十六条　建筑工程的勘察、设计单位必须对其勘察、设计的质量负责。勘察、设计文件应当符合有关法律、行政法规的规定和建筑工程质量、安全标准、建筑工程勘察、设计技术规范以及合同的约定。设计文件选用的建筑材料、建筑构配件和设备，应当注明其规格、型号、性能等技术指标，其质量要求必须符合国家规定的标准。

> **简要归纳：** 本条款是关于建设工程的勘察或设计单位对工程质量负责的法律规定。主要包含以下三方面内容：
>
> （1）建设工程实施阶段的程序是"先勘察、后设计、再施工"，因此，勘察质量是设计质量的前提；而设计质量又是工程质量合格与否的先决条件。只有在勘察报告符合质量要求的前提下才可能设计出符合工程质量要求

的设计图纸，按照符合质量要求的设计图纸及施工规范进行施工，才能完成符合质量要求的建设工程。

（2）勘察文件和设计文件均应当符合以下要求：

①有关法律法规的规定；

②有关的国家标准；

③有关技术规范；

④勘察合同或设计合同中的有关约定。

（3）除有特殊要求的建筑材料、专用设备、工艺生产线等外，设计单位不得指定生产厂家以及供应商，但设计单位在设计文件中所选用的符合质量标准的建筑材料、建筑构配件和设备的，应当注明以下指标：

①规格大小；

②型号如何；

③技术指标。

第五十九条 建筑施工企业必须按照工程设计要求、施工技术标准和合同的约定，对建筑材料、建筑构配件和设备进行检验，不合格的不得使用。

简要归纳：本条款是关于施工单位负有对建筑材料等质量检验义务的法律规定。主要包含以下三方面内容：

（1）在工程施工过程中，施工单位不仅应当对自购的建筑材料、建筑构配件、设备和商品混凝土进行检验，对甲供的建筑材料、建筑构配件、设备和商品混凝土也应当进行检验。

（2）施工单位进行检验的标准主要有：

①设计要求

为了保证设计质量，设计单位往往会在设计文件中对一定的建筑材料、建筑构配件、设备等提出要求。因此，设计单位的设计要求是施工单位进行质量检验的标准之一。

②施工技术标准

在各项施工作业的技术标准中，对施工所使用的建筑材料、构配件的质量均有一定要求。因此，施工技术标准也是施工单位进行质量检验的标准之一。

③建设工程施工合同中的约定

承、发包双方可以在合同中约定使用的建材等的质量要求，但不得低于国家的强制性标准。因此，建设工程施工合同的约定也是施工单位进行质量检验的标准之一。同时，还包括作为建设工程施工合同组成部分的招标投标文件、工程量清单等有关建材的质量约定。

（3）对建筑材料、建筑构配件、设备和商品混凝土检验应当有书面记录和专人签字，未检验或检验不合格的不得使用。

《建设工程质量管理条例》

第九条 建设单位必须向有关的勘察、设计、施工、工程监理等单位提供与建设工程有关的原始资料。原始资料必须真实、准确、齐全。

第十四条 按照合同约定，由建设单位采购建筑材料、建筑构配件和设备的，建设单位应当保证建筑材料、建筑构配件和设备符合设计文件和合同要求。

建设单位不得明示或暗示施工单位使用不合格的建筑材料、建筑构配件和设备。

简要归纳：本条款是关于由建设单位提供建材等的法律规定。主要包含以下四方面内容：

（1）建设工程施工通常采用的承包方式：

①包工包料，即由承包人采购建设工程中的建筑材料、建筑构配件和设备；

②包清工，即由建设单位采购建设工程中的建筑材料、建筑构配件和设备；

③原则包工包料，但部分"甲供料"，即绝大多数材料由承包人采购，但部分量大价贵的建筑材料、建筑构配件和设备等采取"甲供料"或"甲定乙供"的形式。

要点十四：
建设工程质量责任承担（二）

（2）如果采取包工包料或原则包工包料的，应由承包人采购建筑材料、建筑构配件和设备，发包人不得指定承包单位购入用于工程的建筑材料、建筑构配件和设备或者指定生产厂、供应商。

（3）如果采取"甲供料"，首先必须在建设工程施工合同中明确约定。其次，建设单位所提供的"甲供料"必须符合设计文件和合同的相关要求。

（4）如果采取"甲定乙供"，也必须首先在建设工程施工合同中进行约定。其次，建设单位不得指定乙方采购不合格的建筑材料、建筑构配件和设备。

第二十六条第二款　建设工程实行总承包的，总承包单位应当对全部建设工程质量负责。

第二十八条第二款　施工单位在施工过程中发现设计文件和图纸有差错的，应当及时提出意见和建议。

简要归纳： 对施工方而言，原则上是按"工艺""按图施工"。但施工单位的"按图施工"也不是绝对的。在某种意义上而言，施工单位对发包人提供的施工图纸有一定的审查义务。若发现设计文件或图纸有差错，应当本着诚信原则，向发包人提出。

要点十五：

工期顺延的确定方式

一、相关条款

（一）《施工合同纠纷司法解释（一）》第十条

1. 具体条款

当事人约定顺延工期应当经发包人或者监理人签证等方式确认，承包人虽未取得工期顺延的确认，但能够证明在合同约定的期限内向发包人或者监理人申请过工期顺延且顺延事由符合合同约定，承包人以此为由主张工期顺延的，人民法院应予支持。

当事人约定承包人未在约定期限内提出工期顺延申请视为工期不顺延的，按照约定处理，但发包人在约定期限后同意工期顺延或者承包人提出合理抗辩的除外。

2. 主旨诠释

本条款是关于承包人提出工期顺延可否得到支持的规定。主要包含以下三方面的内容：

（1）工期顺延一般是由发包人承担责任的工期延误，主要原因可分为四方面：违约顺延、索赔顺延、变更顺延和误判顺延。通常，工期顺延最典型的文件形式是工程签证，即发包人认可由承包人提出因合理原因引起关键线路延长的书面确认文件。

（2）引起工期顺延的主要原因多为发包人的违约行为或误判行为，以及工程变更和索赔事项。而无论是上述哪一方面因素引起的顺延，对承包人而言均是一种权利。一般情况下，权利产生后只有权利人进行处分或者权利所指向的标的物灭失时权利才消失，其行使与否无需他人同意。故工程签证本质上是发包人对承包人权利量化的认可文件，不因其不认可而否定承包人权利的存在。

（3）民事权利的产生可以附条件或附期限。因此，如果承发包双方约定"承包人不在约定时间内提出工期顺延申请将视为工期不顺延或放弃权利行使"，则基于意思自治，该约定合法有效。

若承包人没有在约定期限内提出，则其关于工期顺延的诉讼主张将不被人民法院所支持。若没有该约定，承包人只要有证据证明该工期顺延事由客观存在，且曾在合同约定的期限内向发包人或者监理人提出过该权利量化的要求，人民法院就应当支持其关于工期顺延的诉讼主张。

（二）《施工合同纠纷司法解释（一）》第十一条

1. 具体条款

建设工程竣工前，当事人对工程质量发生争议，工程质量经鉴定合格的，鉴定期间为顺延工期期间。

2. 主旨诠释

本条款是关于建设工程竣工前，因工程质量鉴定影响的工期如何处理的规定。主要包含以下三个方面的内容：

第一，由于建设工程项目是由不同参与主体在各自不同阶段共同实施的综合结果。因此，若当事人在竣工前对工程质量发生争议，往往需要专业鉴定部门进行鉴定确定。

第二，如果鉴定结果不合格，且不合格原因是由承包人施工问题所致的，则承包人应承担以下法律责任：

（1）工程质量鉴定期间的工期不顺延；

（2）承担工程质量鉴定费用；

（3）承担工期违约的责任；

（4）承担因工期延误而造成的增加费用（例如，人工费、材料费和机械台班租赁费的涨价等）。

第三,如果鉴定结果合格,则发包人应承担以下法律责任:

(1)工程质量鉴定期间的工期应予顺延;

(2)工程质量鉴定费用的承担;

(3)承担因工期延误而造成的增加费用(例如,人工费、材料费和机械台班租赁费的涨价等)。

(三)《施工合同纠纷司法解释(一)》第二十条

1. 具体条款

当事人对工程量有争议的,按照施工过程中形成的签证等书面文件确认。承包人能够证明发包人同意其施工,但未能提供签证文件证明工程量发生的,可以按照当事人提供的其他证据确认实际发生的工程量。

2. 主旨诠释

本条款是关于工程变更数量不明如何确定的规定。主要包含以下三个方面的内容:

(1)从法律层面而言,工程变更指令与工程签证就组成了经过要约和承诺的新合同。但是,该合同的成立是在施工合同履行过程中进行的。因此,承、发包双方对对方的要约和承诺行为均具有一定的特殊性。例如:作为承诺人原则上必须执行指令,即对内容并非具体确定的要约,必须先执行指令内容。而关系到承包人主要权利的工程价款或工期则往往在完成工程变更后的一定时期才能通过工程签证来明确。

(2)实务中,工程变更可能会以三种情形发生:第一,无工程签证,但有其他证据证明发包人发出了变更工程指令的;第二,发包人既发出了工程变更指令又签发了工程签证的;第三,既无正式工程变更指令,更无工程签证,但承包人实际完成了工程变更内容的。

(3)上述第三种情形对承包人最为不利。但根据本条规定,从定性角度而言,只要承包人能够举证证明其实际施工的多余工程量由发包人同意或要求进行,即可以作为认定工程量变化的依据。从定量角度而言,承包人基于工程量变化进而主张相应工程价款的变更,应根据其在施工中实际支出的人工费、材料费以及其他费用按照订立合同时履行地的市场价格确定。

二、条款解读

（一）"顺延工期"与相关概念的关系

从数学层面而言，建设工期是竣工日期与开工日期之差额的绝对值；从法律层面而言，建设工期是承包人根据约定或法定质量要求实际完成承包范围内建设工程的总天数。为了保证工程质量，法律规定发包人不得任意压缩合理工期。虽然《建筑法》中没有对合理工期作出明确定义，但根据建筑业的一般观念，所谓的合理工期是一定资质的建筑业企业，在其一定的技术、机械设备和管理水平状态下，完成某一特定的承包工程所需的必要的正常时间。由于各企业的实际技术、机械和管理水平千差万别，不同建筑业企业的工作效率有所不同，准确判断合理工期在实务中确实存在一定的难度。笔者认为，可以根据定额工期、相同资质建筑企业承包相同或相似项目的平均建设工期，以及该企业承包历史中相同或相似项目的平均建设工期综合判断是否属于"合理工期"。

合同约定的建设工期仅就合同签订时约定的承包范围以及正常施工条件而言。但由于建设工程项目的不确定性等特点，往往会出现工程变更、当事人的违约行为、索赔事项、不可抗力等情形，承、发包双方在静态条件下约定的建设工期会由于工期顺延或工期延误而展现其动态性。这种静态与动态的转化，其实质是建设工程不确定的内禀性在建设工期中的体现。因此，有必要在动态情形下平衡承、发包双方的权利和义务。而这种静态与动态的转化可以由约定工期、实际工期、顺延工期以及延误工期四个参数的公式来体现。因此，存在以下等式：

实际建设工期＝约定建设工期＋∑顺延工期＋∑延误工期

故，实际建设工期－约定建设工期＝∑顺延工期＋∑延误工期

实际建设工期－约定建设工期的运算结果可能存在以下情形：

（1）实际建设工期－约定建设工期＜0

即实际建设工期短于约定建设工期，则不存在延误工期的问题，也不存在顺延工期的问题。因此，承包人通常没有承担延误工期违约责任的可能，相反，如果合同中有工期奖励条件，承包人有取得提前竣工奖励的权利。

（2）实际建设工期-约定建设工期=0

即实际建设工期等于约定建设工期，则∑顺延工期+∑延误工期=0。通常∑顺延工期=0，∑延误工期=0。此种情况下，承包人既没有要求取得提前竣工奖励的权利，也不存在承担延误工期违约责任的可能。

（3）实际建设工期-约定建设工期>0

即实际建设工期长于约定建设工期，则∑顺延工期+∑延误工期>0。此种情况下，承包人一般没有要求取得提前竣工奖励的权利。相反，如果承包人不能证明实际建设工期-约定建设工期=∑顺延工期，则应当承担"实际建设工期-约定建设工期-∑顺延工期"部分的工期延误的违约责任。例如：约定建设工期400天，实际建设工期500天，承包人能证明60天的顺延工期，则40天（500-400-60）的工期延误由承包人承担违约责任。

（二）"顺延工期"的确定

1. 工程签证的本质分析

《施工合同纠纷司法解释（一）》第十条的核心在于签证是由发包人对承包人权利量化的肯定，故没有签证不等于没有权利。事实上，《施工合同纠纷司法解释（一）》第二十条对工程签证也作出了相似规定，且在《施工合同纠纷司法解释（一）》第十九条第二款中就工程变更法定计价办法进行了明确。为了整体理解工程签证相关问题，笔者拟综合上述三个条款一并进行解读。

（1）工程签证的类型

根据发生原因的不同，工程签证可分为"工程变更签证"和"工程索赔签证"。其中，工程变更签证是指发包人对承包人因承包范围内数量、内容、工艺、材料等的改变而提出的对价款或工期顺延的认可；工程索赔签证是指发包人对承包人在合同履行过程中因非承包人原因导致建造状态发生变化而提出增加费用或工期延长的认可。

（2）签证是发包人认可承包人权利的量化凭证

无论是工程变更签证还是工程索赔签证，其本质上均是发包人认可承包人权利的量化凭证。但必须明确的是，权利的行使是不以相对方同意为前提的。因此，没有签证不必然等于承包人没有提出价款变更或工期顺延的权利。也因此，《施工合同纠纷司法解释（一）》第十条、第二十条中均明确规定即便没有工程签证，只要有其他证据能够证明承包人获得该权利的，人民法院均应予以支持。

（3）无签证情形下承包人行使相应权利的方式

1）无变更签证下承包人的权利行使

没有变更签证，但实际已完成工程变更内容的，只要承包人有证据证明其经由发包人同意或要求进行施工，且通过其他证据可以确认实际发生的工程量的，承包人就有取得变更工程相应价款或顺延工期的权利。

2）无索赔签证下承包人的权利行使

即便没有索赔签证，只要承包人提供在约定时间向发包人主张权利的证据且索赔事项合法合理，承包人索赔主张就应当得到支持。索赔签证包括对应的费用签证和工期签证。前者仅为实际损失而不包括预期利益；后者需要原因依据和关键线路依据。

（4）"逾期失权"条款的例外

如果承、发包双方在施工合同中约定"承包人不在约定时间内提出工期顺延申请将视为工期不顺延或放弃权利行使"，若承包人没有在约定期限内提出的，则其关于工期顺延的诉讼主张将不被人民法院所支持。法律在认可上述约定有效的前提下，为慎重起见，还规定了两种权利的恢复途径。

其一是发包人事后的追认，即虽然承包人未在约定时间内提出，但发包人事后同意工期顺延的，法院予以认可。

其二是承包人事后抗辩成功，即承包人虽未在约定时间内提出，但其提出了合理抗辩事由，则法院对工期顺延予以认可。

2. 工程变更顺延的证据锁定

若发包人（或经其授权的监理人）就工程变更的价款和工期已签发签证，则原则上按工程签证执行。若没有签证或仅就价款签发签证的，则承包人的主张应当具备以下条件才可能被法院支持：

第一，能够证明曾就工程变更造成的工期顺延向发包人提出过；

第二，能够证明发包人同意施工且发生工程量变更的情况；

第三，能够证明这些工程变更影响到工程的关键线路。实务中，以下材料可用以证明上述事实：

（1）会议纪要

会议纪要主要有例行会议纪要和专项会议纪要。例如：在由发包人、承包人和监理人等参加的每周例行工程会议上所形成的有关工程变更方面的决定,可视为工程变更指令。

(2)工程洽商记录

工程洽商记录主要是在施工合同履行过程中,发包人就工程问题组织有关设计、施工或监理单位进行洽商所形成的记录。如果在该工程洽商中,各方形成了工程变更的意思,则可视为工程变更指令。

(3)工程检验记录

工程检验记录主要指在施工过程中,对某些技术参数的记录以及隐蔽工程验收的记录。例如:基础验槽记录、建筑定位放线验收单等,这种工程检验记录一般不会涉及价款,但在一定程度上能够反映出工程量的变化。

(4)往来电报、函件

在施工过程中,承、发包双方就工程变更问题进行沟通的往来电报或函件。例如:发包人要求改变某些工程的位置或工程质量的电报或函件。

(5)工程通知资料

就工程的某些技术参数的改变向承包人发出的工程通知资料。例如:发包人变更场地范围、施工作业时间等。

3.工程索赔顺延的证据锁定

若发包人(或经其授权的监理人)就工程索赔费用和工期已签发签证,则原则上按工程签证执行。若没有签证或仅就费用签发签证的,则承包人的主张原则上应符合以下条件才可能被法院支持:

第一,有证据证明曾就工程索赔造成的工期顺延向发包人提出;

第二,有证据证明在合同约定的期限内向发包人申请过工期顺延;

第三,有证据证明工期顺延合理。承包人可能因以下情形触发工程索赔的工期顺延:

(1)存在免责事由的违约行为

根据法律规定,违约赔偿责任的构成要件是有违约行为并无免责事由。若虽有违约行为,但存在免责事由的,仍无需承担违约责任。而免责事由一般包括不可抗力、自有过失和约定免责事由。例如:如果发包人因政府要求对原规划进行调整这一不可抗力事由而必须推迟开工时间的,根据法律规定可以部分或全部免除责任。但根据建筑业的惯例,承包人可以向发包人提出工程索赔。

(2) 第三人的任何行为

根据合同相对性理论以及违约责任归责原则，只有违约者才承担相应的违约责任。对第三人的行为，一般由损失方根据合同相对性原则向违约方追究违约责任，或基于侵权行为向侵权者追究侵权责任。例如：承包人因相邻权人的行为引起工期延误。但是，根据合同约定或行业惯例，承包人可以向发包人提出工程索赔的要求。

(3) 自然事件

因自然事件引起一方不按合同约定履行，可能免除违约责任，但通常应自负由此发生的损失。例如：承包人因风雨、雪、洪、震等自然灾害或恶劣气候造成工期迟延并引起停工所造成的损失。但是，根据合同约定或行业惯例，承包人可以向发包人提出工程索赔的要求。

（三）"顺延工期"对工程价款的影响

如果出现实际建设工期大于约定建设工期的情况，承包人只有证明累计顺延工期等于实际建设工期与约定建设工期的差值才能够不承担工期延误的责任。反之，通常情况下，承包人应为工期延误承担违约责任。

如引发工期延误的原因不在承包人，而是由发包人、第三人或不属于不可抗力的自然事件引起的，其法律责任由发包人承担，即造成建设工程工期延误及造成承包人损失的责任均由发包人承担。

当出现工期顺延事由时，通常需要经过一定程序加以锁定。由于施工合同的价款与约定工期内按质完成的建设工程相对应，故工程价款是以约定时间段为前提的。如果存在工期顺延的情形，承包人除存在窝工损失外，还可能存在工程价款中的单价（包括人工、材料、机械台班等）在原有计价基础上有所增加的情况。

如引发工期延误的原因在于承包人的，则应由承包人承担工期延误违约责任。通常情况下，施工合同中会明确约定承包人延误工期的违约金，但若承包人的延误工期造成的损失大于约定的工期违约金的，发包人可以请求人民法院（或仲裁机构）要求承包人按实际损失承担工期违约责任。

因此，一般情况下，顺延工期会使发包人支付的工程价款增加，而延误工期则会使承包人承担相应责任，间接影响到其所得到的工程价款。约定工期与实际工期不符对工程造价的影响具体可通过合同造价和成本造价来反映。这种反映基于合同造价确定形式的不同而有所不同，也根据顺延工期和延误工期的不同而使得承、发包双方的权利义务分配有所不同。

1. 按可调价确定合同造价时的影响

以可调价方式确定合同造价时，通常其调整范围包括对原价格的调整。因此，因顺延工期造成成本造价涨价的因素通常在可调范围中已予以调整。但由于顺延工期造成承包人在现场的停工、窝工、倒运、机械设备调迁、材料和构件积压等的损失和实际费用，以及因顺延工期导致迟于约定时间支付的进度款和竣工结算余款所产生的相应利息，应当由发包人承担。

2. 按固定价确定合同造价时的影响

除非承发包双方有特别约定，否则以固定价方式确定合同造价的，其总价（或单价）一般不予调整。但对于因顺延工期造成的成本造价上涨部分（实际工期对应的成本造价—约定工期对应的成本造价）应由发包人承担。同时，因顺延工期造成承包人在现场的停工、窝工等损失和实际费用，以及迟于约定时间支付工程款所产生的相应利息也应当由发包人承担。

三、建议与提醒

（1）建设工期的延长会对承、发包双方造成不同程度的损失，但最终双方的损失都将由责任方承担。而责任方由引起原因、合同约定、行业惯例等诸多因素最终确定。由于承包人的主要义务是按时保质完成建设工程，若出现实际竣工时间晚于计划竣工时间，为免于承担工期延误的违约责任，承包人应当举证证明工期延误的责任在于发包人。故承、发包双方均应注意收集两方面的证据：其一，证明工期延长责任归于相对方的证据；其二，证明工期延长所造成的损失程度的证据。

（2）承包人要证明工期延误的责任归于发包人，主要可以从四个方面收集证据：①违约顺延，即发包人是否按照约定提供原材料、设备、场地、资金、技术资料；②变更顺延，即发包人要求或同意的工程变更并且影响到关键线路的；③索赔顺延，即第三人、不属于不可抗力的自然事件、发包人的非违约行为造成工期延误的情况；④误判顺延，即隐蔽工程在隐蔽以前，发包人没有及时检查，或要求检查且检查结果是合格的情形。

（3）在理解和适用《施工合同纠纷司法解释（一）》第十条第二款规定时还应当注意的是，若施工合同中仅约定了承包人应当提出工期顺延的期限，但未明确约定，超出该约定期限提出工期顺延的视为工期不顺延或承包人放弃该权利，则不能直接认定承包人未在约定期限内提出工期顺延就视为权利放弃。另外，关于"承包人的合理抗辩"在实务中有哪些可具体应用的情形？我们认为，如承包人确实因工程变更等非自身原因增加了工程量，并且承包人对其未按约定期限提出工期顺延能够给予合理解释的，应当可以顺延。

（4）实际工期=实际竣工日期-实际开工日期。由于建设工期纠纷大多由于对实际竣工日期认定不同引起，因此，在施工合同中应尽量明确何种状态属于实际竣工。如果没有约定明确，则应当对法定的三种实际竣工日期有所了解，即验收合格之日、递交报告之日、擅自使用之日。

（5）法律规定的损失=可得利益+实际损失。故首先应注意不要遗漏可得利益；其次，可得利益≠施工合同的工程价款；最后，若发包人主张可得利益的，则应当证明承包人在订立施工合同时已经预见到或应当预见到若工期延误可能造成的损失。综上所述，建议在施工合同中对可得利益进行必要定义。

（6）如果承包人能证明累计顺延时间等于实际建设工期与约定建设工期的差值的，承包人不承担工程延误责任。鉴于工程价款与约定建设工期相对应，故如果施工合同中约定的计价方式是可调价的，一般情况下，承包人可以提出窝工损失赔偿要求；如果施工承包合同中约定的计价方式是固定价的，一般情况下，承包人除可以提出窝工损失赔偿外，还可提出相对于原有约定工期内各项成本单价的上涨部分。

四、法条链接

《中华人民共和国民法典》

第一百二十九条　民事权利可以依据民事法律行为、事实行为、法律规定的事件或者法律规定的其他方式取得。

> **简要归纳**：本条款是关于民事权利的取得方式的法律规定。主要包含以下内容：民事权利取得可以依据民事法律行为、事实行为，也可以依据法律规定的事件或者法律规定的其他方式。

第五百一十三条 执行政府定价或者政府指导价的，在合同约定的交付期限内政府价格调整时，按照交付时的价格计价。逾期交付标的物的，遇价格上涨时，按照原价格执行；价格下降时，按照新价格执行。逾期提取标的物或者逾期付款的，遇价格上涨时，按照新价格执行；价格下降时，按照原价格执行。

> **简要归纳**：本条款是关于执行政府定价（或指导价）的价格调整如何确定的法律规定。主要包含以下三方面内容：
>
> （1）如果交付的标的物的价格是执行政府定价或政府指导价的，在合同约定的期限内交付，按交付时政府定价或政府指导价执行，即：
>
> 1）相对签订合同时是涨价的，按涨价后的价格执行；
>
> 2）相对签订合同时是降价的，按降价后的价格执行。
>
> （2）如果交付的标的物的价格是执行政府定价或政府指导价的，而交付标的物的当事人未在约定的期限内交付标的物的，价款按以下原则执行：
>
> 1）相对签订合同时是涨价的，按原价格执行；
>
> 2）相对签订合同时是降价的，按降价后的价格执行。
>
> （3）如果交付的标的物的价格是执行政府定价或政府指导价的，由于逾期提货或逾期付款的，价格按以下原则执行：
>
> 1）相对签订合同时是涨价的，按涨价后的价格执行；
>
> 2）相对签订合同时是降价的，按原价格执行。

第七百九十八条 隐蔽工程在隐蔽以前，承包人应当通知发包人检查。发包人没有及时检查的，承包人可以顺延工程日期，并有权请求赔偿停工、窝工等损失。

> **简要归纳：**本条款是关于发包人未及时检查隐蔽工程工期顺延的法律规定。主要包含以下两个方面的内容：
>
> （1）隐蔽工程在隐蔽前，承包人应当通知发包人进行检查。如果承包人未通知的，发包人有权要求对已经隐蔽的工程重新检验，承包人应按要求进行剥离或开孔，并在检验后重新覆盖或修复。
>
> （2）隐蔽工程在隐蔽前，承包人已经通知发包人进行检查，但发包人未及时检查的，承包人有以下权利：
>
> 1）要求工期顺延；
>
> 2）要求赔偿停工、窝工等损失。

第八百零三条　发包人未按照约定的时间和要求提供原材料、设备、场地、资金、技术资料的，承包人可以顺延工程日期，并有权请求赔偿停工、窝工等损失。

> **简要归纳：**本条款是关于发包人未及时履行其他义务而工期顺延的法律规定。主要包含以下两个方面的内容：
>
> （1）按时足额支付工程款是发包人的主要义务。但是，提供施工场地、提供技术资料则也是发包人的义务之一。如果在施工合同中约定有"甲供料"的，则按照约定提供"甲供料"也是发包人的义务之一。
>
> （2）如果发包人履行了主要义务，但是未按要求履行其他义务的，承包人具有以下权利：
>
> 1）要求工期顺延；
>
> 2）要求赔偿停工、窝工等损失。

第八百零四条　因发包人的原因致使工程中途停建、缓建的，发包人应当采取措施弥补或者减少损失，赔偿承包人因此造成的停工、窝工、倒运、机械设备调迁、材料和构件积压等损失和实际费用。

简要归纳：本条款是关于因发包人原因致使工程停建、缓建应承担何种责任的法律规定。主要包含以下两个方面的内容：

（1）由于建设工程施工合同是特殊的承揽合同，因此发包人还具有属于"定作人"的其他义务。如果因发包人的原因致使工程中途停建或缓建，其责任由发包人承担；

（2）如果因发包人的原因致使工程中途停建或缓建，发包人应当及时通知承包人，以免承包人的损失扩大，而承包人则有权要求就以下事项请求赔偿：

1）停工或窝工阶段引起的额外费用及损失

①引起额外的造价费用：

主要包括人员的停工或窝工的费用、材料积压的费用、机械租赁费或折旧费。

②造成的其他损失。

2）因停工或窝工而引起的增加费用

①因工期顺延而造成工程造价的增加费用。其主要内容包括：人工（因工期相应顺延造成人工费用的增加）、材料（因工期相应顺延造成材料价格的增加）、机械（因工期相应顺延造成机械台班租赁费的增加）等。

②造成其他费用的增加。

《建设工程价款结算暂行办法》

第八条第（三）项 发、承包人在签订合同时对于工程价款的约定，可选用下列一种约定方式：

......

（三）可调价格。可调价格包括可调综合单价和措施费等，双方应在合同中约定综合单价和措施费的调整方法，调整因素包括：

1.法律、行政法规和国家有关政策变化影响合同价款；

2.工程造价管理机构的价格调整……

要点十六：

固定价不予鉴定的理解

一、相关条款

（一）《施工合同纠纷司法解释（一）》第十九条

1. 具体条款

当事人对建设工程的计价标准或者计价方法有约定的，按照约定结算工程价款。

因设计变更导致建设工程的工程量或者质量标准发生变化，当事人对该部分工程价款不能协商一致的，可以参照签订建设工程施工合同时当地建设行政主管部门发布的计价方法或者计价标准结算工程价款。

建设工程施工合同有效，但建设工程经竣工验收不合格的，依照民法典第五百七十七条规定处理。

2. 主旨诠释

本条款是关于工程价款计算标准的规定。主要包含以下三个方面的内容：

（1）根据意思自治原则，当事人在施工合同中已就工程计价标准或者计价方法有所约定的，在建设工程竣工验收合格后的结算中应当遵循。

（2）由于建设工程项目天然的不确定性，在建设工程实施阶段中往往以工程变更的形式体现。工程变更往往涉及承、发包双方权利义务的重新分配，而这又往往通过工程签证的形式体现。因此，一般而言，建设工程项目的不确定性最终落实在工程签证上。

由于施工合同的计价方式或计价标准与承包范围相对应，施工合同中的计价方式或计价标准并不等同于工程变更中的计价方式或计价标准，故当出现工程变更时，承、发包双方应当对其价款的计价方式或计价标准进行协商。如双方就此协商达成一致意见，则按协商一致的计价方式或计价标准进行结算。

（3）根据法律规定，如果价款或者报酬不明确，按照订立合同时履行地的市场价格履行，但若该价格应当执行政府定价或者政府指导价的，则按政府定价或政府指导价履行。而建设行政主管部门发布的计价方式或者计价标准结算工程价款应当被认定为政府指导价，所以，如果当事人对工程变更的计价方式或计价标准不能达成一致，可以参照签订建设工程施工合同时当地建设行政主管部门发布的计价方式或者计价标准结算工程价款。

（4）如建设工程施工合同有效，但建设工程经竣工验收不合格的，则按《民法典》中规定的违约责任承担方式处理。

（二）《施工合同纠纷司法解释（一）》第二十八条

1. 具体条款

当事人约定按照固定价结算工程价款，一方当事人请求对建设工程造价进行鉴定的，人民法院不予支持。

2. 主旨诠释

本条款是关于以固定价形式确定的工程价款不予鉴定的规定。主要包含以下三个方面的内容：

（1）工程施工合同中约定以固定价结算工程价款的，如果明确了风险范围，风险范围内的合同价款不予调整，风险范围外的合同价款按约定调整；如果承、发包双方未明确风险范围的，价款风险原则上由承包人承担。

（2）工程施工合同中约定以固定价结算工程价款的，如果明确允许变更承包范围的，在允许变更范围内，其价格不予调整；在允许变更范围外，则对变更部分按约定价格计价。如果没有约定，则按当地建设行政主管部门发布的计价方式或计价标准结算价款。

（3）工程施工合同中约定工程价款的确定形式是固定价的，如果合同当事人申请要求对承包范围内的固定价进行鉴定的，法院不应予以支持。

（三）《施工合同纠纷司法解释（一）》第二十九条

1. 具体条款

当事人在诉讼前已经对建设工程价款结算达成协议，诉讼中一方当事人申请对工程造价进行鉴定的，人民法院不予准许。

2. 主旨诠释

本条款是关于当事人在起诉前已达成工程价款结算协议是否适用鉴定的规定。在理解及适用本条时应注意以下几方面内容：

（1）工程价款是市场价，而市场价以当事人最终合法的合意为准。工程造价鉴定是为解决当事人就工程价款结算产生的争议而设置，因此，只要当事人已对工程价款达成合法合意，各方均应诚信履行，没有启动工程造价鉴定的必要性。

（2）本条应同样适用于诉讼中达成结算协议的情形。如当事人在诉讼中就工程价款结算达成结算协议的，只要是当事人的真实意思表示，均应予以尊重和保护。

（3）由于工程价款是市场价，应尊重当事人的合意。直接发包的建设工程项目，双方就结算形成有效合意，但一方以该合意与施工合同约定不符要求鉴定，人民法院不予支持。招标发包的建设工程项目，若最终双方就结算形成的合意与招标合意不一致，原则上可以鉴定。

（4）发包人委托的造价咨询单位就承包人递交的结算书进行审价，在出具报告之前，造价咨询单位要求发包人、承包人共同在《结算审定单》中盖章确定，该盖章行为不应认定为承、发包双方对工程价款结算形成有效的合意。

二、条款解读

（一）从造价理论理解"固定价不予鉴定"

当今中国的价格体系由政府定价、政府指导价和市场价组成。政府定价按政府确定的绝对数执行；政府指导价由政府确定一个绝对数，但允许当事人在一定幅度内进行合意；市场价则主要通过市场供求关系、遵循替代原则和价值规律确定。需要注意的是，确定价格属性应以交易时的价格为准，与产品或商品组成材料的价格无关，例如电视机是市场价，但是其组成中的水、电等可能是政府定价，但这不影响其市场价的属性。

由于中国的经济体制是中国特色社会主义市场经济，因此，大多数的价格是市场价，只有少数与国计民生有关或资源稀缺等的商品价格才采用政府指导价或政府定价，并制定价目表进行严格约束。在改革开放之前的计划经济年代，工程造价是政府定价。各地区各行业均由相应定额站制定本地区或本行业工程造价的政府定价。但是，现在的工程造价均是市场价。

工程造价是发包人针对承包人保质完成建筑产品的对价，具有明确的专业性和契约性。根据订立合同时双方对基础价格商业风险分担方式的约定不同，工程造价确定形式主要有可调价、固定价两种。一般认为，可调价是基础价格的商业风险按某一公式进行分担，通常是主要基础价格随行就市；而固定价是指基础价格的商业风险在订立合同时一次性分配完毕。

采用可调价形式确定的工程造价本质上是由承包人履行过程中的成本价来确定，而该成本价的确定主要是由履行过程中基础价格的市场平均价来确定。因此，采用可调价形式确定工程造价对承包人而言几乎无风险、利润不高但相对固定，一般适用于工期长、规模大的工程，对图纸设计深度要求不高。

采用固定价形式确定的工程造价本质上是以承、发包双方订立合同时的成本价为基础一次性确定的，与以后履行过程中承包人的成本价无关。因此，采用固定价形式确定工程造价对承包人而言风险较大，相对应的利润也可能较大，一般适用于工期比较短、工程规模较小的工程，通常对图纸设计深度要求也比较高。

固定价俗称为"包死价"。根据"包死"程度不同，又可分为两种：一种是价与量作为一个整体"包死"，就是所谓的"固定总价"；另一种是仅仅价格"包死"，就是所谓的"固定单价"。由于工程造价是市场价，因此，选择可调价还是固定价均基于当事人意思自治。如果当事人经过合意选择了固定价，则工程造价与承包人在履行过程中的成本价无关，其风险固然较大，但利润也可能较高。如果采用固定价的条件不充分或者施工期间的建筑材料价格等波动较大的，承包人往往会找出各种理由要求对工程造价进行鉴定，企图通过鉴定手段使固定价变为可调价，从而达到"包死价""包而不死"的目的。

（二）从法理角度理解"固定价不予鉴定"

首先，"固定价不予鉴定"规定的实质是从正面强调应当尊重承、发包双方当事人对固定价的合意。属于民法体系的《建筑法》中虽有较多强制性规定，但这些强制性规定主要是以保证建设工程质量安全为宗旨制定的，原则上还是遵循意思自治，对当事人"你情我愿"的计价标准或造价确定形式的约定一般不予干涉。因此，《施工合同纠纷司法解释（一）》中关于"固定价不予鉴定"的规定，不仅不是对当事人意思自治的干涉，恰恰是以司法解释的形式正面并具体地肯定了当事人的合意。

其次，该规定更充分、更全面地体现了"公平原则"。通常情况下，要求打开"包死价"进行鉴定的原因之一是建筑材料等基础价格涨价，承包人提出时往往以"显失公平"为依据，认为如果按"包死价"结算工程价款，则背离了民法的"公平原则"，故要求进行鉴定以达到公平的结果。"公平原则"是指在民事活动中，以利益均衡价值标准来评判民事主体之间的利益关系是否均衡合理的原则。但是，必须强调的是评判是否公平的时间节点是在双方当事人确立权利和义务时，即当事人订立合同之时，而绝非在权利和义务履行过程中或履行完毕后。只要在订立建设工程施工合同时，承、发包双方确定的固定价是公平的，当事人就应当诚信履行。如果混淆评判时点，将会模糊商业风险与公平原则的界限。固定价合同履行后的结果不外乎两种情形：一者，按固定价确定的工程造价低于市场价，该差额应属于商业风险的范畴，理应由承包人承担；二者，按固定价确定的工程造价高于市场价，则该差额属于超额利润，与商业风险相对应。这两者对应的结果作为一个整体而言是均衡的、公平的。

最后，该规定以强调"诚实信用"肯定了工程造价具有契约性的特点。诚实信用是一高度抽象的概念，其内涵和外延具有很大的伸缩性。而完全相同的一个建设工程项目，由于承、发包双方对法律体系的了解程度不同、商业博弈技巧的不同、对履行过程中的造价控制程度不同等，最终的竣工结算造价往往存在差异，这充分说明了工程造价兼有技术性和契约性。一般而言，"固定价"尤其是以"固定总价"形式确定的工程造价的契约性体现地更为充分。而该规定在肯定了工程造价的契约性的同时要求承、发包双方本着"诚实信用"的原则按约定结算工程价款。

(三) 从实务层面正确理解和适用 "固定价不予鉴定"

该规定只是从定性层面肯定当事人已经约定按 "包死价" 进行结算的，依据诚实信用原则理应遵循。但是，现实丰富多彩，现以 "固定总价" 为例，分析在具体操作上可能存在的几种情形及应对措施。

1. 未出现工程变更的情形

承发包双方当事人约定按固定总价结算价款的，在合同履行过程中并未出现工程变更的情况，当合同履行完毕后，工程竣工结算款就等于当时约定的固定总价，则存在以下等式：

工程竣工结算价款＝固定总价款

这种情况下，当事人申请对工程价款进行鉴定的，法院不应支持。

2. 出现工程变更的情形

由于建设工程项目的不确定性，在施工过程中经常会出现设计变更、进度计划变更、施工条件变更，以及发包人提出的 "新增工程" 等变更。由于承、发包双方当事人约定按固定总价作为工程价款的确定形式是以签订合同时的承包范围为前提的，因此，超出建设工程施工合同约定幅度范围外的工程变更，理应计算工程价款。

工程变更引起的工程价款一般以工程追加合同价款的形式体现。而该部分工程价款的计价方式和确定形式并非一定与承包范围内的计价方式和确定形式相同。如果当事人在建设工程施工合同中约定按固定总价结算工程价款，在合同履行过程中出现了工程变更的情况，当合同履行完毕后，工程竣工结算款就等于当时约定的固定总价与工程追加合同价款之和，则存在以下等式：

工程竣工结算价款＝固定价款＋工程追加合同价款

工程追加合同价款＝工程设计变更增减的工程价款＋工程范围增减而引起的增减的工程价款＋施工条件变更增减的工程价款＋工程索赔的工程价款

如果当事人对工程追加合同价款约定不明确，申请就工程追加合同价款进行鉴定，法院应当支持。这与整个合同约定的按固定价结算工程价款的原则并不矛盾，不应当因此而支持对固定价部分进行鉴定的申请。

3.出现工程变更的在建工程的情形

建设工程施工合同终止的常态是承、发包双方按约履行完毕。但是，在实际情况下，还存在施工合同由于各种原因而被解除的非常态情况。而施工合同的解除无溯及力，故法律规定质量合格的在建工程按照被解除的施工合同中的约定进行计价。

而采取固定总价确定工程价款的通常做法是，在招标时由投标人向招标人递交投标报价清单，投标人对工程量计算错误承担风险，招标人最终确定中标人。如果被解除的建设工程施工合同中对工程价款的确定形式是采用固定总价的，往往当事人需要申请工程造价鉴定以确定已完工程的价款。这种情况下，法院应当予以支持。

对在建工程进行鉴定时，往往会采用"按实结算"方式计算工程价款，即单价按报价清单中的单价确定，工程量则按承包人实际完成的数量确定。这种结算方式下的在建工程价款等同于按实结算的价款。笔者认为至少存在以下三个问题：

（1）将工程量计算的误差风险无形中转移至发包人，以这种专业的计价程序来改变当事人的合意，重新分配当事人的权利和义务显然与工程价款鉴定单位的工作性质不符；

（2）实际免除了承包人可能未按图施工的瑕疵责任，而且还"按实结算"给其价款，这种做法于法不合、于理相悖；

（3）可能将由于缺乏合法要件而不应计价的工程给予计价。这种"以鉴代审"的做法不仅是对当事人合意的不尊重，而且也是以技术性否定契约性的行为。

为了避免以上"按实结算"所产生的三个问题，笔者提倡应采取第（2）种计算程序，即在固定总价的基础上扣除未完工程量所对应的工程造价再加上工程变更确认的追加工程价款。

三、建议与提醒

（1）由于工程造价兼有契约性和技术性，且技术性的定量操作是以定性的契约性为前提的。因此，应当重视施工合同中影响工程造价条款的相关约定，并对合同履行过程中可能出现的工程签证等进行严格控制。就影响工程造价的具体条款而言，应对工程计价方式、造价确定形式、工程追加款确定程序、工程价款支付时间、工程索赔程序、违约责任等相关约定引起足够的重视。

（2）若双方没有特别的约定，固定总价模式下的建材涨价原则上不予调整，但应注意以下两点：

1）若工期没有延误或工期延误的责任在于承包人的，建材涨价不予考虑；

2）若发生工期顺延情况的，则建材涨价的因素原则上应予考虑。

另外，评判是否公平的时间节点是在确立双方权利和义务时，而非在履行完毕后。物价上涨，承包人的预期利润将减少一部分；反之，承包人的预期利润可能增加一部分。而超额利润与商业风险是相对应的。因此，固定总价的建材不予调整是公平的。

（3）对工程造价的影响包括策划阶段、实施阶段和使用阶段。并且，这种影响往往前期大于后期。要有效控制建设工程造价应立足于"全过程、动态性、一体化"，在"建立责任体系""建全考核制度""建立统筹机制"的基础上，以"节点控制为基础""跟踪目标为手段"，达到"适当修正为目的"的效果，做到"事前控制""事中控制"和"事后控制"的全过程控制。

（4）计价方式的确定，需要根据建设工程项目的具体情况而定。

如果建设工程项目规模不大、图纸设计又比较详细的，可考虑采用固定总价的形式。如果建设工程项目规模比较大或较复杂的，可考虑采用可调价或固定单价的形式。

如果建设工程项目采用工程总承包模式的，可考虑采用固定总价的形式。

如果建设工程项目采用施工总承包加指定分包的承发包模式的，总承包完成部分可采用基于工程量清单的固定单价形式。

如果建设工程项目采用平行发包的承发包模式的，对钢结构、幕墙、精装修及弱电工程等可采取基于图纸及技术规范的固定总价的工程价款确定形式。

（5）由于施工合同对工程价款的计价方式或确定形式的约定并不自然适用于工程变更所引起的工程追加款。因此，在施工合同中，对承包范围内和承包范围外的计价方式或确定形式均应明确。如果对承包范围外工程变更部分的计价方式或确定形式未作约定，一般情况下可参照订立施工合同时当地建设行政主管部门发布的计价方式或计价标准结算。

（6）对固定总价不予鉴定的理解可分三种情形：①未出现工程变更的情形，则存在竣工结算价款＝固定总价款的情况，故不存在审价或鉴定的可能。②出现工程变更的情形，则存在竣工结算价款＝固定总价款＋工程变更合同价款的情况，故只应对工程变更合同价款进行审价或鉴定。③出现工程变更的在建工程的情形，则存在在建工程价款＝固定总价款－未完工程造价＋工程变更合同价款的情况，故只应对工程追加款和未完工程价款进行审价或鉴定。

四、法条链接

《中华人民共和国价格法》

第三条第一款、第三款、第四款　国家实行并逐步完善宏观经济调控下主要由市场形成价格的机制。价格的制定应当符合价值规律，大多数商品和服务价格实行市场调节价，极少数商品和服务价格实行政府指导价或者政府定价。

……

政府指导价，是指依照本法规定，由政府价格主管部门或者其他有关部门，按照定价权限和范围规定基准价及其浮动幅度，指导经营者制定的价格。

政府定价，是指依照本法规定，由政府价格主管部门或者其他有关部门，按照定价权限和范围制定的价格。

第十八条　下列商品和服务价格，政府在必要时可以实行政府指导价或者政府定价：

（一）与国民经济发展和人民生活关系重大的极少数商品价格；

（二）资源稀缺的少数商品价格；

（三）自然垄断经营的商品价格；

（四）重要的公用事业价格；

（五）重要的公益性服务价格。

第十九条　政府指导价、政府定价的定价权限和具体适用范围，以中央的和地方的定价目录为依据。

《中华人民共和国民法典》

第一百五十一条　一方利用对方处于危困状态、缺乏判断能力等情形，致使民事法律行为成立时显失公平的，受损害方有权请求人民法院或者仲裁机构予以撤销。

> **简要归纳：** 本条是关于显失公平的规定。即便双方合意一致，但若该合意结果显失公平，一方当事人仍可以要求法院或仲裁机构进行变更或撤销的。但应注意以下两点：其一是"时点"，应在订立合同这个时点即显示公平，切忌将履行后的结果与订立合同这个时点进行比较；其二是"程度"，即"显失"公平。

第五百一十一条 当事人就有关合同内容约定不明确，依据前条规定仍不能确定的，适用下列规定：

……

（二）价款或者报酬不明确的，按照订立合同时履行地的市场价格履行；依法应当执行政府定价或者政府指导价的，依照规定履行。

> **简要归纳：** 本条是关于中国价格体系中各价格如何确定的规定。价格体系中的政府定价由政府确定的绝对数执行；政府指导价由政府确定绝对数，但允许当事人在一定幅度进行合意；市场价则完全由双方合法合意执行。若没有形成合意，则进行补充合意。补充不能的，按交易习惯；若没有交易习惯的，则按当地当时的市场平均价确定。

第五百三十三条 合同成立后，合同的基础条件发生了当事人在订立合同时无法预见的、不属于商业风险的重大变化，继续履行合同对于当事人一方明显不公平的，受不利影响的当事人可以与对方重新协商；在合理期限内协商不成的，当事人可以请求人民法院或者仲裁机构变更或者解除合同。

第五百七十七条 当事人一方不履行合同义务或者履行合同义务不符合约定的，应当承担继续履行、采取补救措施或者赔偿损失等违约责任。

要点十七：

建设工程质量责任的承担

一、相关条款

（一）《施工合同纠纷司法解释（一）》第一条

1. 具体条款

建设工程施工合同具有下列情形之一的，应当依据民法典第一百五十三条第一款的规定，认定无效：

（一）承包人未取得建筑业企业资质或者超越资质等级的；

（二）没有资质的实际施工人借用有资质的建筑施工企业名义的；

（三）建设工程必须进行招标而未招标或者中标无效的。

承包人因转包、违法分包建设工程与他人签订的建设工程施工合同，应当依据民法典第一百五十三条第一款及第七百九十一条第二款、第三款的规定，认定无效。

2. 主旨诠释

本条款在整个《施工合同纠纷司法解释（一）》中第一次提及"实际施工人"这一概念。当然，"实际施工人"的表现形式并不仅仅只有本条第一款第（二）项所述的借用资质情形。目前，我国的法律法规中并未就"实际施工人"的内涵及外延进行明确的定义，但结合最高院的各类解答和说明、各地高院发布的指导意见以及司法实践经验，我们仅可就"实际施工人"作出如下定义："实际施工人"是指最终实际投入劳动、材料、资金等进行实际工程施工的无效合同的承包人。

其表现形式主要为转包合同的承包人、违法分包合同的承包人以及无资质借用有资质的建筑施工企业名义承揽工程的承包人。"实际施工人"系与总承包人、分包人并列的概念，其相互之间不应存在交集或混同。

(二)《施工合同纠纷司法解释(一)》第七条

1.具体条款

缺乏资质的单位或者个人借用有资质的建筑施工企业名义签订建设工程施工合同，发包人请求出借方与借用方对建设工程质量不合格等因出借资质造成的损失承担连带赔偿责任的，人民法院应予支持。

2.主旨诠释

本条款是关于出借资质方和借用资质方就工程质量等问题向发包人承担连带赔偿责任的规定。主要包含以下两方面的内容：

（1）根据《建筑法》第二十六条之规定，法律禁止建筑施工企业以任何形式用其他建筑施工企业的名义承揽工程，以及禁止建筑施工企业以任何形式允许其他单位或者个人使用本企业的资质证书、营业执照，以本企业的名义承揽工程。故缺乏资质的单位或者个人借用有资质的建筑施工企业名义签订建设工程施工合同，即俗称的"挂靠"行为，因违反法律强制性规定而无效。且根据《建筑法》第六十六条之规定，挂靠情形下因工程质量不符合标准所造成的损失，由出借资质方和借用资质方承担连带赔偿责任。

（2）本条中仅列明了就建设工程质量问题发包人可以要求出借资质方和借用资质方承担连带赔偿责任的，但未明确就其他损失是否也应承担连带赔偿责任，例如，工期延误、发包人委托第三方修复、重建所增加的花费等。从文义解释的角度，笔者认为本条中所称因出借资质造成的损失应不限于质量问题损失。

(三)《施工合同纠纷司法解释(一)》第十五条

1.具体条款

因建设工程质量发生争议的，发包人可以以总承包人、分包人和实际施工人为共同被告提起诉讼。

2. 主旨诠释

本条款是关于建设工程质量纠纷案件的程序性规定。主要包含以下两方面的内容：

（1）法律规定，在实体上总承包人、分包人和实际施工人应就其建设的工程质量向发包人承担连带责任；

（2）实体上的连带责任在程序上则表现为共同被告，即发包人可以就工程质量问题以总承包人、分包人和实际施工人为共同被告提起诉讼。

二、条款解读

（一）工程质量诉讼中各主体的分析

法律关系是法律规范调整人们行为过程中所形成的具有法律上权利义务形式的社会关系，其本质是特定法律关系主体之间的权利义务关系。而在《施工合同纠纷司法解释（一）》第一条、第七条、第十五条中分别出现了发包人、总承包人、分包人、实际施工人等主体概念。因此，为了正确理解这几条规定，首先应当对这几个法律主体有所了解。

1. 发包人

所谓发包人是指具有工程发包主体资格和支付工程价款能力的当事人以及取得该当事人资格的合法继承人。"发包人"的概念第一次在法律法规中的正式提出是在《合同法》第十六章《建设工程合同》中，此前均称为"发包单位"。

合同的基本要件是当事人、标的和数量，而建设工程施工合同的当事人是发包人和承包人，标的是整个工程的施工。发包人不具备工程发包主体资格，其签订的建设工程施工合同从本质上而言就是无效合同。而《施工合同纠纷司法解释（一）》第七条和第十五条中所称的"发包人"严格而言并不包括总承包人对分包人的发包人地位。

2. 总承包人

建设工程合同一般包括勘察、设计和施工合同。若发包人将勘察、设计和施工一并发包给同一承包人完成，则双方签订的是建设工程总承包合同，此时的"总承包人"是针对建设工程总承包而言的。若发包人仅将施工部分发包给单一承包人完成，此时的"总承包人"是针对施工总承包而言的。而《施工合同纠纷司法解释（一）》中相关规定所称的"总承包人"仅指施工总承包人，而不包括建设工程总承包人。

3. 分包人

分包是指总承包人经发包人同意将所承包的建设工程的一部分依法发包给具有相应资质的承包单位的行为。需要注意的是，一方面总承包人分包的工程范围应是除主体结构之外的部分，另一方面分包人应是经发包人同意的具有相应资质的合法分包的承包人。因此，《施工合同纠纷司法解释（一）》第十五条中的"分包人"应包括接受总承包人发包的分包人及所有"劳务分包人"。

4. 实际施工人

发包人是相对于承包人而言的，只有具有相应资质且合法取得承包权的才能成为承包人。若施工人系经违法发包、违法分包、非法转包或没有资质借用资质签订施工承包合同，并最终实际投入劳动、材料、资金等进行实际工程施工的，则称为"实际施工人"。

（二）《建筑法》中关于连带责任的主要条款归纳

法律责任是指行为人由于违法行为、违约行为或者由于法律规定而应承受的某种不利的法律后果。法律责任与其他社会责任相比，最主要的区别和特征是具有依据的法定性和执行的强制性。因此，承担法律责任的最根本保证是国家强制力。

根据引起法律责任的行为性质不同，最常见的法律责任可分为刑事责任、行政责任和民事责任。民事责任是指由于违反民事法律、违约或者由于民法规定所应承担的一种法律责任。一般情况下，民事责任是一种财产责任，主要功能是在于救济当事人的权利,赔偿或补偿当事人的损失。就多数民事责任而言,法律允许由当事人协商解决。

如果责任人是多数人的,则根据各责任人之间的共同关系,可将共同责任分为按份责任和连带责任。所谓的按份责任是指各责任人按照法律规定或者合同约定各自向外承担一定份额的民事责任。按份责任人之间责任份额的多少,由法律规定或者各责任人约定;如果法律没有规定或责任人没有约定,通常情况下,推定各责任人承担相同的份额。所谓的连带责任是指各责任人按照法律规定或者合同约定共同向外承担全部份额的民事责任。连带责任人之间具有连带关系。而所谓连带关系是指各责任人对外不分责任份额,不分先后次序,仅根据权利人的请求承担责任,在对外承担责任后,共同责任人内部则按责任的大小划分各责任人应承担的份额。对权利人而言,连带责任相比按份责任能够更充分、更有效、更便利地保护自己的利益。但是,只有在权利人与责任人有明确约定或者法律有明确规定的情况下,权利人才可以要求责任人承担连带责任。

由于建筑工程质量关系到不特定人的生命、财产安全,关系到社会财富的合理利用,为了保障经济秩序、体现公平合理、维护社会公正,《建筑法》中规定了大量承担连带责任的情形。

1. 共同承包方向发包人承担连带责任

在进行建设工程项目招标投标过程中,两个以上的建筑企业可以组成一个联合体以一个投标人的身份共同投标。如果联合体中标的,则联合体各方应当共同与招标人签订合同,并向招标人承担连带责任。如果直接发包的建设工程项目较大或较复杂,由两个以上的建筑企业联合承包,那么,共同承包的各方对承包合同的履行同样承担连带责任。

2. 工程总承包人与分包人向发包人承担连带责任

发包人将建设工程的勘察、设计、施工和设备采购权一并发包给具备相应资质条件的工程总承包人组织完成,由发包人支付工程价款的,这就是所谓的工程总承包。工程总承包人经发包人同意将其中的勘察、设计、施工中的部分承包内容分包给有资质的分包人完成,则工程总承包人与分包人就其分包项目向发包人承担连带责任。

3. 勘察、设计和施工总承包人与分包人连带向发包人承担责任

发包人将勘察、设计和施工分别发包给不同的单位承包，勘察、设计或施工总承包人经发包人同意，将其中的部分承包内容发包给有资质的分包人完成，分包人就其完成的工作成果与勘察、设计或施工总承包人向发包人承担连带责任。

4. 实际施工人与转包人、分包人或出借资质单位向发包人连带承担责任

通常将没有资质借用他人资质的承包人、非法转包和违法分包的承包人通称为实际施工人。非法转包、违法分包以及借用资质所签订的施工分包合同是无效合同。因此，当实际施工人所承建的工程质量不合格的，实际施工人与转包人、分包人、出借资质人就其共同侵权行为向发包人承担连带赔偿责任。

5. 工程监理单位与承包单位向发包有承担连带责任

如果工程监理单位与承包人串通，为承包人谋取非法利益，给发包人造成损失的，则监理单位与承包人向发包人承担连带赔偿责任。

6. 工程监理单位与采购者向被侵害者承担连带责任

如果工程监理单位不履行监督义务或者发现建筑材料、设备等不合格而以合格签字确认的，造成建设工程质量缺陷，工程监理单位与采购者向被侵害者承担连带责任。

7. 工程监理单位与发包人向被侵害者承担连带责任

监理单位是受建设单位委托执行监理任务的，但是，当监理单位与建设单位串通、弄虚作假、降低工程质量造成其他损失的，监理单位与建设单位向被侵害者承担连带责任。

（三）承担连带责任的法理分析

连带责任只能通过法律规定或者当事人约定产生。连带责任的法律基础可能来自侵权责任或者违约责任。违约责任的前提是存在合同关系，而在《建筑法》中诸多连带责任并非基于有效的合同关系，因此，有必要就《建筑法》规定的连带责任的性质或法律依据进行讨论。

（1）承包人以联合体方式承揽工程，由各联合体成员以联合体协议的形式对各自权利和义务等内容进行分配，并共同对发包人承担连带责任。其法律依据来自《民法典》第七百八十六条之规定——共同承揽人对定作人承担连带责任，但是当事人另有约定的除外。这是一种主要基于违约行为所引起的法定责任。

（2）非法转包、违法分包合同为无效合同，无效合同不具备违约责任产生的前提。因此，转包人与分包人承担的是因无效合同造成损失的赔偿责任，其责任性质为侵权责任。故非法转包、违法分包情形下，实际施工人与转包人、分包人承担连带责任的法律依据为侵权责任。

（3）没有资质而借用有资质的单位名义签订的施工合同是无效的，如前所述，无效合同不具备违约责任产生的前提，只可能存在缔约过失责任或侵权责任。而借用资质的实际施工人因质量问题与出借人承担连带责任必然发生于无效合同的履行过程中，故其法律依据不可能是缔约过失责任。

实际施工人借用资质签订施工合同时，出借资质人与借用资质人是在主观明知的前提下，共同实施的违法行为，双方均存在主观过错。并且，通常出借资质人完全不参与工程施工及管理，而由借用资质的实际施工人进行施工及管理，双方对可能产生的质量问题均有预期，因此，如发生工程质量问题则是出借资质人与借用资质人这两种行为共同的结果。并且，因工程质量问题给发包人造成的损失完全与出借资质人与借用资质人的侵权行为存在直接的因果关系。因此，在借用资质的法律关系中，出借资质人与借用资质人主观上有共同侵权的故意，客观上实施了共同侵权的行为，其承担连带责任的法律性质完全符合侵权责任的构成要件。

三、建议与提醒

（1）主体资格是以一定法律关系为前提的，例如：总承包人对于发包人而言是承包人；进行分包后，总承包人对于分包人则成为发包人。因此，脱离法律关系的法律主体资格是无意义的。而法律关系的存在又必须具备特定的适格主体，例如：承包人应具备与其承包工程相匹配的资质，否则就可能是实际施工人。

（2）司法实践中，有部分地区法院裁判观点认为，出借资质方与借用资质方是否承担连带赔偿责任还应看发包人是否对其借用资质行为明知，如发包人对借用资质行为明知且放任的，应就其过错承担相应责任。而又因为证明发包人对借用资质行为明知且放任的举证难度较大，从发包人角度而言，建议在合同中明确约定"如承包人存在出借资质行为的，应对借用资质的实际施工人造成的损失承担连带赔偿责任"。

（3）只有双方约定或者法律规定才能产生连带责任，这里所称的"法律"应当仅指狭义的法律，即全国人大及其常务委员会所制定的法律，而不包括行政法规或地方性法规等。

（4）除联合体或合法分包情形外，连带责任往往出现在共同侵权之债中。对于权利人而言，可向连带责任人中的任何一方主张权利，也可向所有责任人主张权利，但其主张的权利之和不应超过权利人应有的权利。

（5）在理解和适用《施工合同纠纷司法解释（一）》第七条时，我们还应注意其中包含的一个重要条件，出借资质方与借用资质方承担连带赔偿责任的前提是损失的产生和出借资质行为之间存在因果关系，对非因出借资质行为产生的损失则不应承担连带赔偿责任。当事人应当根据其诉讼主张或抗辩主张举证证明这种因果关系的存在与否。

（6）实务中，应当注意区分挂靠与内部承包。挂靠是我国法律所明确禁止的行为，而内部承包的经营模式并不为法律所禁止。挂靠与内部承包可从以下角度进行辨析：

1）内部承包方与单位之间存在资产联系，或使用企业的资产，或以股份等方式划转到企业，而挂靠没有；

2）内部承包方与单位之间有统一的财务管理制度，二者之间独立核算、利润单独分配，而挂靠没有；

3）内部承包方无论是个人还是职能部门的组成人员，都有严格、规范的人事任免和调动、聘用手续，而挂靠没有。

四、法条链接

《中华人民共和国建筑法》

第一条 为了加强对建筑活动的监督管理，维护建筑市场秩序，保证建筑工程的质量和安全，促进建筑业健康发展，制定本法。

第十三条 从事建筑活动的建筑施工企业、勘察单位、设计单位和工程监理单位，按照其拥有的注册资本、专业技术人员、技术装备和已完成的建筑工程业绩等资质条件，划分为不同的资质等级，经资质审查合格，取得相应等级的资质证书后，方可在其资质等级许可的范围内从事建筑活动。

第二十七条第一款 大型建筑工程或者结构复杂的建筑工程，可以由两个以上的承包人单位联合承包。共同承包的各方对承包合同的履行承担连带责任。

第二十九条 建筑工程总承包单位可以将承包工程中的部分工程发包给具有相应资质条件的分包单位；但是，除总承包合同中约定的分包外，必须经建设单位认可。施工总承包的，建筑工程主体结构的施工必须由总承包单位自行完成。

建筑工程总承包单位按照总承包合同的约定对建设单位负责；分包单位按照分包合同的约定对总承包单位负责。总承包单位和分包单位就分包工程对建设单位承担连带责任。

禁止总承包单位将工程分包给不具备相应资质条件的单位。禁止分包单位将其承包的工程再分包。

第五十五条 建筑工程实行总承包的，工程质量由工程总承包单位负责，总承包单位将建筑工程分包给其他单位的，应当对分包工程的质量与分包单位承担连带责任。分包单位应当接受总承包单位的质量管理。

> **简要归纳**：本条款是关于总承包单位与分包单位就分包工程向发包人承担连带责任的法律规定。主要包含以下三方面内容：
> （1）总承包单位对总承包范围内的工程质量负责，即既对自己承建部分的工程质量负责，又对自己未实际承建的分包工程质量负责。
> （2）总承包人对自己未实际承建的分包工程质量负责的方式是与分包人向发包人承担连带责任。
> （3）总承包人对分包工程项目有权进行质量管理，分包人也有义务接受总承包人的质量管理。

第六十六条 建筑施工企业转让、出借资质证书或者以其他方式允许他人以本企业的名义承揽工程的，责令改正，没收违法所得，并处罚款，可以责令停业整顿，降低资质等级；情节严重的，吊销资质证书。对因该项承揽工程不符合规定的质量标准造成的损失，建筑施工企业与使用本企业名义的单位或者个人承担连带赔偿责任。

第六十七条　承包单位将承包的工程转包的，或者违反本法规定进行分包的，责令改正，没收违法所得，并处罚款，可以责令停业整顿，降低资质等级；情节严重的，吊销资质证书。

承包单位有前款规定的违法行为的，对因转包工程或者违法分包的工程不符合规定的质量标准造成的损失，与接受转包或者分包的单位承担连带赔偿责任。

《中华人民共和国招标投标法》

第三十一条第三款　联合体各方应当签订共同投标协议，明确约定各方拟承担的工作和责任，并将共同投标协议书连同投标文件一并提交招标人。联合体中标的，联合体各方应当共同与招标人签订合同，就中标项目向招标人承担连带责任。

《中华人民共和国民法典》

第一百五十三条第一款　违反法律、行政法规的强制性规定的民事法律行为无效。但是，该强制性规定不导致该民事法律行为无效的除外。

第一百七十八条　二人以上依法承担连带责任的，权利人有权请求部分或者全部连带责任人承担责任。

连带责任人的责任份额根据各自责任大小确定；难以确定责任大小的，平均承担责任。实际承担责任超过自己责任份额的连带责任人，有权向其他连带责任人追偿。

连带责任，由法律规定或者当事人约定。

第五百条　当事人在订立合同过程中有下列情形之一，造成对方损失的，应当承担赔偿责任：

（一）假借订立合同，恶意进行磋商；

（二）故意隐瞒与订立合同有关的重要事实或者提供虚假情况；

（三）有其他违背诚信原则的行为。

第五百七十七条　当事人一方不履行合同义务或者履行合同义务不符合约定

的，应当承担继续履行、采取补救措施或者赔偿损失等违约责任。

第七百八十六条　共同承揽人对定作人承担连带责任，但是当事人另有约定的除外。

第七百九十一条第二款、第三款　总承包人或者勘察、设计、施工承包人经发包人同意，可以将自己承包的部分工作交由第三人完成。第三人就其完成的工作成果与总承包人或者勘察、设计、施工承包人向发包人承担连带责任。承包人不得将其承包的全部建设工程转包给第三人或者将其承包的全部建设工程支解以后以分包的名义分别转包给第三人。

禁止承包人将工程分包给不具备相应资质条件的单位。禁止分包单位将其承包的工程再分包。建设工程主体结构的施工必须由承包人自行完成。

《建设工程质量管理条例》

第六十七条　工程监理单位有下列行为之一的，责令改正，处50万元以上100万元以下的罚款，降低资质等级或吊销资质证书；有违所得的，予以没收，造成损失的，承担连带赔偿责任：

（一）与建设单位或施工单位串通、弄虚作假、降低工程质量的；

（二）将不合格的建设工程、建筑材料、建筑构配件和设备按照合格签字的。

第七十八条　本条例所称肢解发包，是指建设单位将应当由一个承包单位完成的建设工程分解成若干部分发包给不同的承包单位的行为。

本条例所称违法分包，是指下列行为：

（一）总承包单位将建设工程分包给不具备相应资质条件的单位的；

（二）建设工程总承包合同中未有约定，又未经建设单位认可，承包单位将其承包的部分建设工程交由其他单位完成的；

（三）施工总承包单位将建设工程主体结构的施工分包给其他单位的；

（四）分包单位将其承包的建设工程再分包的。

本条例所称转包，是指承包单位承包建设工程后，不履行合同约定的责任和义务，将其承包的全部建设工程转给他人或者将其承包的全部建设工程肢解以后以分包的名义分别转给其他单位承包的行为。

要点十八：

实际施工人的权利救济

一、相关条款

（一）《施工合同纠纷司法解释（一）》第四十三条

1. 具体条款

实际施工人以转包人、违法分包人为被告起诉的，人民法院应当依法受理。

实际施工人以发包人为被告主张权利的，人民法院应当追加转包人或者违法分包人为本案第三人，在查明发包人欠付转包人或者违法分包人建设工程价款的数额后，判决发包人在欠付建设工程价款范围内对实际施工人承担责任。

2. 主旨诠释

本条款是关于实际施工人权利救济的特殊规定。主要包含以下四个方面的内容：

（1）如前所述，所谓"实际施工人"是指最终实际投入劳动、材料、资金等进行实际工程施工的无效合同的承包人。本条中所列举的主要表现形式包括：非法转包的转承包人；违法分包的承包人。关于"没有资质借用有资质的建筑施工企业的名义与他人签订建设工程施工合同的承包人"是否适用本条规定将在后文中作进一步探讨。

（2）虽然实际施工人订立的施工合同无效，但是，作为无效合同的双方当事人，实际施工人直接将转包人或违法分包人列为被告进行起诉也是法律所倡导的权利救济途径。

（3）虽然实际施工人与发包人之间不具有合同关系，但是，为了保护实际施工人的利益，法律允许实际施工人适当突破合同相对性，直接起诉没有合同关系的发包人，发包人仅对实际施工人完成的合格工程在欠付工程价款范围内承担责任。这是法律对实际施工人权利救济方式的一种特殊安排。

（4）如果实际施工人只起诉发包人的，法院应当追加非法转包人或违法分包人作为第三人参加诉讼。法律之所以作此安排，从司法审判角度而言，由于存在两个合同关系，如转包人或违法分包人不参与诉讼，许多事实可能无法查清。追加非法转包人或违法分包人作为第三人参加诉讼也是为了便于查明发包人是否存在欠付工程价款的情形及数额，更有利于实际施工人权益的保护。

（二）《施工合同纠纷司法解释（一）》第四十四条

1.具体条款

实际施工人依据民法典第五百三十五条规定，以转包人或者违法分包人怠于向发包人行使到期债权或者与该债权有关的从权利，影响其到期债权实现，提起代位权诉讼的，人民法院应予支持。

2.主旨诠释

本条款是关于实际施工人提起代位权之诉规定，主要包含以下几方面的内容：

（1）《施工合同纠纷司法解释（一）》为实际施工人设计了两条权利救济途径。一条为第四十三条所规定的直接以发包人为被告主张权利；另一条即本条所规定的代位权之诉。

《民法典》第五百三十五条之规定："因债务人怠于行使其债权或者与该债权有关的从权利，影响债权人的到期债权实现的，债权人可以向人民法院请求以自己的名义代位行使债务人对相对人的权利，但是该权利专属于债务人自身的除外。"结合本条规定，我们可以得出实际施工人向发包人提起代位权之诉的条件如下：

实际施工人对转包人或者违法分包人享有到期债权；转包人或者违法分包人怠于向发包人行使到期债权或者与该债权有关的从权利；转包人或者违法分包人怠于行使权利的行为影响实际施工人到期债权的实现；实际施工人主张代位行使的权力不是专属于转包人或者违法分包人自身的权力。

（2）根据代位权的法理，实际施工人可代位行使的转包人或者违法分包人对发包人所享有的权利，除专属于其自身的权利外，并无范围限制。换言之，实际施工人代位行使的债权并不一定是涉案工程项目的工程价款债权，也可能是转包人或者违法分包人与发包人基于其他法律关系下所形成的债权。

而代位权的请求数额不能超过实际施工人对转包人或者违法分包人享有的债权，也不能超过转包人或者违法分包人对发包人所享有的债权。

二、条款解读

（一）实际施工人直接起诉发包人

债权属于对人权、相对权，原则上只能针对相对方，而不应涉及第三人。例如：工程质量存在问题，发包人只能追究承包人的责任；反之，工程价款的支付问题，承包人也只能向发包人主张。物权、知识产权或者人身权是对世权、绝对权，其权利人特定，而义务人不特定，仅在具体诉讼中存在特定对象。若打破债权相对性，则会在一个诉讼中出现主体定位等问题。因此，法律规定只有特殊的情况下才允许突破这种相对性。例如：债权人的代位权和撤销权制度。

《施工合同纠纷司法解释（一）》第四十三条涉及两个法律关系，即发包人与转包人或违法分包人之间的施工合同法律关系；转包人或违法分包人与实际施工人之间的违法分包或非法转包关系。根据《施工合同纠纷司法解解释（一）》的相关规定，即便违法分包或非法转包合同无效，只要工程质量合格，工程价款也应支付。因此，若工程验收合格，则实际施工人仍有权要求转包人或违法分包人支付工程价款。且《施工合同纠纷司法解释（一）》第四十三条第二款突破了合同相对性，允许实施工人越过转包人或违法分包人直接起诉没有合同关系的发包人。笔者认为，其主要原因如下：

首先，这与当前建筑市场不规范的用工状态有关。为了规避法律法规关于资质资格的要求，实践中违法分包、转包情形大量存在。同时，建筑施工企业在承揽工程后，除了其编制内的持有执业资质的人员（如具有建造师制的项目经理、造价工程师等）、工程项目现场的主要施工管理人员（如合同管理、施工、技术、材料、质量、安全、财务等主要施工管理人员），以及特殊工种的技术工人等之外，往往还会将一些量大且技术要求不高的承包内容转包或分包给一些没有资质的企业或进城务工人员班组。这部分群体是国家为了维护社会稳定及营商环境而带有政策性倾向的保护对象。若严格适用合同相对性规则，不允许实际施工人直接向发包人主张权利，最终侵犯的还是大量的进城务工人员的利益，不利于实质意义上社会公平的实现。

其次，之所以被称为"实际施工人"是因为通常情况下违法分包人、非法转包人或者出借资质人，并不参与项目实施，事实上已脱离整个项目体系。实际施工人实际上已全面履行了原本应由违法分包人、非法转包人或者出借资质人完成的合同义务，而发包人往往对此情况知情或默许，也实际接受了其工作成果，故两者已经建立事实合同关系。若实际施工人实施的工程存在质量问题，发包人也可以要求实际施工人承担责任。因此，实际施工人实质上已取代了违法分包人、非法转包人或者出借资质人在原合同中的法律地位，允许其直接起诉发包人要求支付工程款是合理的。

但即便如此，发包人也只在欠付违法分包人、非法转包人或者出借资质人工程款范围内承担责任。这不仅是对突破合同相对性原理的适当限制，也在一定程度上保护了发包人的权益。而为了查清是否存在欠付的事实，人民法院应当追加非法转包人或违法分包人作为第三人参加诉讼。

（二）实际施工人直接起诉与行使代位权的区别

《施工合同纠纷司法解释（一）》赋予实际施工人直接起诉发包人的权利，又明确了实际施工人享有的代位权。笔者认为，应当明确两者的区别及行使代位权的形式要件。

《施工合同纠纷司法解释（一）》第四十三条规定的权利行使范围仅限于发包人欠付转包人或者违法分包人的工程价款。工程价款指承包人保质完成承建工程后可根据施工合同要求发包人支付的款项总和。其由签订施工合同时的供求关系、发包形式、双方博弈技巧、守约程度以及履约时的变化状态等因素决定。该条规定的工程价款行使范围应与《民法典》第八百零七条规定的优先受偿权中的工程价款概念一致，即合同造价。通常，工程价款中并非一定包括赔偿款、索赔款、其他款项，但一定包括合同造价。合同造价包括签约时的合同造价和履约时的合同造价。前者是承包范围内所对应的合同造价，后者是指在履行施工合同过程中由于工程变更而增加的合同造价，其均是承包人履行合同义务的对价。

而《施工合同纠纷司法解释（一）》第四十四条所规定的实际施工人的代位权行使范围针对所有债权，并不限于工程价款债权。债权属于对人权，具有相对性。原则上，特定的债权人得向特定的义务人请求给付（行使债权），而不得向第三人行使。但若该特定义务人对第三人享有到期债权而怠于行使从而影响债权人的到期债权实现的，法律赋予债权人可以自己名义代位行使债务人对第三人的权利，这就是"代位权"。代位权的行使要求债务人对第三人的债权合法到期且并不专属于债务人；债务人既不清偿对债权人的债务又怠于行使对第三人的债权，且该行为已影响债权人到期债权实现。需要注意的是，债权人只能以其债权为限行使代位权，发生的费用由债务人承担。

债权人提起代位权之诉，若人民法院认为债权人诉请成立的，应当判决次债务人向债权人履行清偿义务。则债权人与债务人之间的债权债务关系、债务人与次债务人之间的债权债务关系，在债权人对债务人的债权范围内一并消灭。

1. 关于债权"到期和确定"的问题

行使代位权会涉及债权的"到期和确定"问题。这不仅是要求主债权（即实际施工人基于无效合同而实际完成质量合格的工程所取得的对转包人或违法分包人的工程价款债权）到期且确定，也要求次债权（即转包人或违法分包人基于其他法律关系而取得的对次债务人的债权）到期且确定。无论是主债权还是次债权，只要其中任一未到期或未确定，则实际施工人就无法行使代位权。

2. 关于债务人"怠于行使"的问题

若根据《施工合同纠纷司法解释（一）》第四十四条的相关规定，实际施工人行使代位权以转包人或者违法分包人怠于向发包人行使到期债权或与该债权相关的从权利并影响其到期债权实现为前提。其中"怠于行使到期债权"应当特指未通过诉讼或仲裁方式向发包人主张权利。而向发包人发函催要等其他主张方式不能认定为"怠于行使"的豁免。

（三）挂靠承揽情形下的实际施工人权利救济分析

如前所述，无论是《施工合同纠纷司法解释（一）》第四十三条之规定还是第四十四条之规定,均只列明了转包和违法分包情形,却未明确挂靠承揽的情形是否适用,似乎传递了挂靠承揽的情形不适用上述规定的信号,或者至少说明挂靠承揽的情形具有一定的特殊性。而根据《施工合同纠纷司法解释(一)》第一条之规定,挂靠承揽情形显然属于实际施工人的一种类型。故笔者认为,有必要对此情形下实际施工人的权利救济进行专门分析。

1.司法解释第四十三条应适用于"挂靠承揽"情形

《施工合同纠纷司法解释(一)》第四十三条适当突破合同相对性,赋予实际施工人直接起诉发包人的权利。根据前文所述,实际施工人的表现形式应当包括三类,即非法转包的转承包人、违法分包的承包人,以及无资质借用有资质的建筑施工企业名义承揽工程的承包人(下称"挂靠承包人")。但该条中仅列明了前两种情形,关于挂靠承包人是否适用本条规定却未予明确。

笔者认为,挂靠承包人应同样适用本条规定。首先,借用资质的企业实际进行了工程施工及管理,而出借资质一方通常并不实际参与工程建设,故这种情形完全符合实际施工人的本质。其次,该条规定的初衷是为了保护进城务工人员的利益,在借用资质的情形下,出借资质一方由于不实际参与工程建设,通常不具备向发包人主张工程价款的驱动力,如果不允许挂靠承包人适用该条规定将同样不利于进城务工人员权益的保护,有违该条规定的宗旨。

2.司法解释第四十四条不应适用于"挂靠承揽"情形

《施工合同纠纷司法解释(一)》第四十四条是债权人代位权制度在建设工程施工合同中的具体应用。因此,实际施工人依据该条规定向发包人主张债权的,其本质仍是代位权的行使。

从代位权构成要件的角度看,挂靠承揽情形下的实际施工人行使代位权首先应满足的条件是,借用资质的挂靠承包人对出借资质人享有合法到期债权。而在挂靠承揽行为中,通常借用资质的一方与出借资质的一方签订资质借用协议(即"挂靠协议")约定"管理费"支付等所谓的权利和义务后,由出借方与发包人订立建设工程施工合同,但由借用方负责工程具体实施。为了完成施工任务,施工过程中挂靠承包人可能以出借资质方名义或自身名义与第三方签订租赁合同、购销合同等对外协议。

由于挂靠行为本身的"畸形",导致各主体之间往往存在多个复杂的法律关系,以及施工合同无效和施工分包合同无效的后果。但可以明确的是,在挂靠承包人与出借资质人之间,就该工程项目的工程价款一般不存在任何合法债权。因此,这种情形下的实际施工人不具备行使代位权的前提条件,即无法依据此条规定向发包人提起代位权之诉。

其次,挂靠承包人可依据《施工合同纠纷司法解释(一)》第四十三条之规定向发包人主张权利,这并不影响其工程价款权利的实现。

三、建议与提醒

(1)在适用《施工合同纠纷司法解释(一)》第四十三条之规定进行诉讼时,发包人是否欠付转包人、违法分包人,以及出借资质人工程价款的主要举证责任应当归于发包人。由于发包人更清楚地掌握其已支付工程价款的具体数额,更容易举证。而实际施工人与发包人没有直接的合同关系,工程实施过程中甚至没有直接的往来,难以了解工程价款支付的具体情况,客观上不具备举证的可能性。另外,笔者认为判断发包人是否欠付工程价款的时点应当是实际施工人起诉的时点。若起诉后,发包人再履行支付义务的,不应由实际施工人承担诉讼的不利后果。

(2)行使代位权不仅要求主债权到期且数额确定,还要求次债权到期且数额确定。只要其中任一债权未到期或数额未确定,则代位权就无法行使。但若主债权或次债权只是部分确定且到期,笔者认为,实际施工人可仅就该部分到期债权行使代位权。

(3)实务中往往会存在大量的多层转包、再分包的施工合同关系。这种情形下,代位权的行使应限于相邻两层法律关系之间,即只要层与层之间符合"次债务人怠于行使其到期债权或者与该债权有关的从权利,影响到期主债权实现的",主债权人均可以行使代位权。这种情形下,实际施工人在适用《施工合同纠纷司法解释(一)》第四十四条时不应教条理解"发包人"的概念。此时的"发包人"应当扩大理解为转包人、违法分包人等中间环节的"相对发包人",而非建设单位(业主),即这种情形下的实际施工人无权依据此条规定直接向建设单位行使代位权,其权利行使的对象应当是上述"相对发包人"。

(4)由于实际施工人行使代位权指向的是债权,因此,其中理当包括损失赔偿部分，故还应当考虑损失分担的问题。在两层施工合同关系中，如发包人对转包、违法分包或出借资质的行为是明知或默许的，则发包人也存在过错，其向实际施工人直接清偿债权中的损失部分应在发包人、转包人或违法分包人或出借资质人、实际施工人之间分担。如发包人无过错的，则上述损失应在转包人或违法分包人或出借资质人和实际施工人之间分担。

（5）对于权利人而言，多数人责任相对单人责任更能充分有效地保护自身权益，而多数人的连带责任相比多数人的按份责任也更能充分有效地保护自身权益。但只有存在合同约定或法律规定的前提下，权利人才可以要求各责任人承担连带责任。当事人之间的法律关系决定了当事人的诉讼地位。如果该连带违约责任或连带赔偿责任系因法律规定存在的，则权利人对此无需承担举证责任。而在诉讼程序上，连带违约责任和连带赔偿责任则意味着，各责任人应被列为共同被告。故在建设工程施工合同诉讼中，应善于应用连带责任的概念，这对案件的诉讼和执行均有积极意义。

（6）《施工合同纠纷司法解释（一）》第四十四条中明确，转包人或者违法分包人怠于向发包人行使到期债权或与该债权有关的从权利，都可以作为实际施工人行使代位权的触发条件。因此，如转包人或者违法分包人怠于向发包人行使优先受偿权等与主债权相关的从权利而影响实际施工人到期债权的实现，实际施工人也可据此提起代位权之诉。另一方面，基于代位权的法律本质，实际施工人行使代位权时同样可以向发包人主张转包人或者违法分包人所享有的包括优先受偿权在内的相关从权利。

四、法条链接

《中华人民共和国民法典》

第四百九十条 当事人采用合同书形式订立合同的，自当事人均签名、盖章或者按指印时合同成立。在签名、盖章或者按指印之前，当事人一方已经履行主要义务，对方接受时，该合同成立。

法律、行政法规规定或者当事人约定合同应当采用书面形式订立，当事人未采用书面形式但是一方已经履行主要义务，对方接受时，该合同成立。

第五百三十五条　因债务人怠于行使其债权或者与该债权有关的从权利，影响债权人的到期债权实现的，债权人可以向人民法院请求以自己的名义代位行使债务人对相对人的权利，但是该权利专属于债务人自身的除外。

代位权的行使范围以债权人的到期债权为限。债权人行使代位权的必要费用，由债务人负担。

相对人对债务人的抗辩，可以向债权人主张。

第五百三十八条　债务人以放弃其债权、放弃债权担保、无偿转让财产等方式无偿处分财产权益，或者恶意延长其到期债权的履行期限，影响债权人的债权实现的，债权人可以请求人民法院撤销债务人的行为。

第五百三十九条　债务人以明显不合理的低价转让财产、以明显不合理的高价受让他人财产或者为他人的债务提供担保，影响债权人的债权实现，债务人的相对人知道或者应当知道该情形的，债权人可以请求人民法院撤销债务人的行为。

第五百四十条　撤销权的行使范围以债权人的债权为限。债权人行使撤销权的必要费用，由债务人负担。

《全国民事审判工作会议纪要》(2011)

28.人民法院在受理建设工程施工合同纠纷时，不能随意扩大《关于审理建设工程施工合同纠纷案件适用法律问题的解释》第二十六条第二款的适用范围，要严格控制实际施工人向与其没有合同关系的转包人、违法分包人、总承包人、发包人提起的民事诉讼，且发包人只在欠付工程价款范围内对实际施工人承担责任。

要点十九：

工程价款优先受偿权之一

一、相关条款

（一）《施工合同纠纷司法解释（一）》第三十五条

1. 具体条款

与发包人订立建设工程施工合同的承包人，依据民法典第八百零七条的规定请求其承建工程的价款就工程折价或者拍卖的价款优先受偿的，人民法院应予支持。

2. 主旨诠释

本条款是关于建设工程价款优先受偿权主体的规定，主要内容分为以下两部分：

（1）工程价款优先受偿权是立法者比照承揽合同中承揽人的留置权所创设的一种担保物权。其在性质上属于法定优先权，是法律出于保护进城务工人员利益、维护社会和谐稳定等政策性倾斜考量而赋予债权人的一种特殊效力的保护。从这一角度而言，享有工程价款优先受偿权的对象应是建设工程合同的承包人。且根据本条文释义，该承包人特指与发包人直接订立建设工程施工合同的承包人，从这一层面而言就排除了勘察人、设计人、分包人及其他与发包人不存在直接合同关系的施工参与者。

（2）尽管如此，我们应当注意，在建设工程总承包模式下，虽然工程总承包人的承包内容中包括勘察、设计，其合同对价中包含勘察费和设计费的部分仍可纳入优先受偿权的范围。

(二)《施工合同纠纷司法解释(一)》第三十六条

1. 具体条款

承包人根据民法典第八百零七条规定享有的建设工程价款优先受偿权优于抵押权和其他债权。

2. 主旨诠释

本条款是关于工程价款优先受偿权的顺位的规定。主要内容如下：

本条款是《施工合同纠纷司法解释(一)》中的新增条款，其内容来源于《最高人民法院关于建设工程价款优先受偿权问题的批复》(已失效，以下简称《工程价款优先受偿权批复》)第一条之规定。

《工程价款优先受偿权批复》中除规定了工程价款优先受偿权优于抵押权和其他债权外，还规定了承包人行使工程价款优先受偿权不得对抗已经支付全部或大部分价款的商品房消费者。虽然后者未被本条所吸收，但已通过《最高人民法院关于人民法院办理执行异议和复议案件若干问题的规定》第二十九条明确，故本条中未作规定也是符合法律体系整体性解释的。因此，我们可得出以下确定结论：

已经支付全部或大部分价款的商品房消费者的物权期待权优于承包人的工程价款优先受偿权；承包人的工程价款优先受偿权又优于抵押权和其他债权。

(三)《施工合同纠纷司法解释(一)》第三十七条

1. 具体条款

装饰装修工程具备折价或者拍卖条件，装饰装修工程的承包人请求工程价款就该装饰装修工程折价或者拍卖的价款优先受偿的，人民法院应予支持。

2. 主旨诠释

本条款是关于装饰装修工程的承包人行使工程价款优先受偿权的规定。主要内容如下：

（1）装修装饰工程本质上属于建设工程，可以适用优先受偿权的规定，但其范围应限于因装修装饰而使该建筑物增加的价值内。

（2）本条规定最早来源于《最高人民法院关于装修装饰工程款是否享有合同法第二百八十六条规定的优先受偿权的函复》（以下简称《装修装饰工程优先受偿权函复》）。

《装修装饰工程优先受偿权函复》在肯定装修装饰工程可以适用优先受偿权的同时规定了"发包人不是建筑物所有权人或者承包人与该建筑物所有权人之间没有合同关系"两个除外条件。此后，原《施工合同纠纷司法解释（二）》第十八条仅保留了《装修装饰工程优先受偿权函复》中第一个除外条件。而本次新发布的《施工合同纠纷司法解释（一）》第三十七条中则删除了这一除外条件，代之以"装饰装修工程具备折价或者拍卖条件"这一前置条件。

（3）规定"具备折价或者拍卖条件"这一前置条件是为了与《民法典》第八百零七条规定的一般情形下对建设工程折价或拍卖所得价款行使优先受偿权的限制条件相统一。

司法实践中，发包人并不是装修装饰工程所依附的建筑物的所有权人，而仅是因某种法律关系而实际占有和使用该建筑物的占有人，这种情形下未经建筑物所有权人同意，实际上没有办法对该装修装饰工程进行折价或拍卖处理。这也是《装修装饰工程优先受偿权函复》和原《施工合同纠纷司法解释（二）》规定发包人应是建筑物所有权人这一限制条件的原因。而由于装修装饰工程总是依附于已经完成或者基本完成的建筑物之上，难以单独进行区分处分。因此，"具备折价或者拍卖条件"实质上也涵盖了"发包人一般应当是该建筑物的所有权人"或"经建筑物所有权人同意担保"这一内涵。

（四）《施工合同纠纷司法解释（一）》第三十八条

1. 具体条款

建设工程质量合格，承包人请求其承建工程的价款就工程折价或者拍卖的价款优先受偿的，人民法院应予支持。

2. 主旨诠释

本条款是关于承包人享有工程价款优先受偿权对工程质量要求的规定。主要内容包括以下两个方面：

（1）从文义解释的角度，在满足法律规定的优先受偿权的其他要件的前提下，本条规定承包人享有工程价款优先受偿权的唯一前提是建设工程质量合格，既未要求合同有效，也未要求工程竣工或完工。这也与司法解释中关于工程价款的精神整体相一致。

（2）笔者认为，本条所称的建设工程质量合格应当指工程质量符合国家规定标准，即如当事人在合同中作出了高于国家规定标准的约定，不能成为阻却承包人行使优先受偿权的事由。

（五）《施工合同纠纷司法解释（一）》第三十九条

1. 具体条款

未竣工的建设工程质量合格，承包人请求其承建工程的价款就其承建工程部分折价或者拍卖的价款优先受偿的，人民法院应予支持。

2. 主旨诠释

本条款是关于承包人就质量合格的未竣工工程同样享有工程价款优先受偿权的规定。主要内容如下：

（1）本条款所称"未竣工工程"可能存在两种情况：其一是工程尚未完工，例如因合同解除或被认定为无效、发包人资金问题等原因导致的工程未完工；其二是承包人已经施工完毕，但因某些原因导致未办理竣工验收或交付手续。

（2）根据司法解释的相关规定，工程质量合格是承包人主张工程价款的前提，如工程质量不合格，承包人将丧失主张工程价款的权利。优先受偿权作为工程价款债权的从权利，在主权利丧失的前提下理当同时受限。并且，在满足优先受偿权的法定条件的前提下，法律对于承包人行使优先受偿权的唯一要求即是工程质量合格，与工程是否竣工无涉。

二、条款解读

(一) 工程价款优先受偿权的产生及性质

1. 工程价款优先受偿权之由来

建设工程合同是一种特殊的承揽合同,根据《民法典》之规定,合同编第十八章"建设工程合同"中没有规定的,适用第十七章"承揽合同"的相关规定。因此,建设工程合同在很大程度上也秉承了承揽合同的一些特点:第一,具有一定的人身性质。法律要求承揽人应当以自己的设备、技术和劳力完成主要工作,未经定作人同意不得交由第三人完成,否则定作人可以此为由解除合同。建设工程合同不仅秉承了上述特点,而且因建设工程质量涉及公共安全,法律要求承包人必须亲自完成主体结构施工,不得交由第三人完成,否则该合同无效。即便是非主体工程也必须经发包人同意才可分包,同时承包人还应与分包人就工程质量承担连带责任。第二,存在履行顺序的双务合同。若无特别约定,原则上承揽合同应先由承揽人完成工作,再由定作人支付价款。建设工程合同同样具有上述特点。甚至,当存在预付款时,为了保证履行顺序这一特点,当事人往往还会约定在近几期(通常不超过三期)的进度款中进行扣除。因此,建设工程合同严格而言就是一个垫资合同。

基于上述特点,为有效保护先履行方的权益,法律赋予了承揽人留置权,即在定作人未向承揽人支付报酬或者材料费等价款时,承揽人对完成的工作成果有权进行留置或者拒绝交付,并有权就该工作成果优先受偿。作为特殊承揽合同的建设工程合同也理应存在留置权,但在我国民法体系中,留置权只能适用于动产。故为了平衡这一关系,立法者比照承揽人的留置权,为承包人创设了工程价款优先受偿权这一特殊的担保物权。

2. 工程价款优先受偿权性质之争

自我国在立法中首次规定工程价款优先受偿权以来,关于其性质的讨论理论界就一直存有争议。从比较法的角度而言,各国虽有与工程价款优先受偿权相似的制度,但其性质却各有不同。其一,留置权类,例如日本民法中的"先取特权"。《日本民法典》第三百二十七条规定:"不动产的先取特权,工匠、工程师及承揽人对债务人不动产所进行的工事费用,存在于该不动产上。"从上述规定可知,日本民法赋予工匠、工程师及承揽人等特殊债权人以一种从债务人的不动产中得到优先偿还的法定担保物权。因此,其性质属于不动产留置权。其二,抵押权类,例如《德国民法典》第六百四十八条第一项规定:"建筑工程或建筑工程的一部分承揽人,其由契约所生的债权,对定做人的建筑用地得请求让与保全抵押权。"我国台湾地区的有关规定第五百一十三条:"承揽之工作为建筑物或其他土地之工作物,或为此等工作物进行重大修缮者,承揽人就承揽关系所生之债权,对于其工作物所附之定做人之不动产,有抵押权。"而以上两种类型与我国关于工程价款优先受偿权的制度内容及法律体系均不相适应。

从留置权角度而言,首先,行使留置权的前提是合法占有,承包人行使工程价款优先受偿权时往往难以实际控制工程甚至已经向发包人交付工程;其次,我国民法体系中,留置权仅适用于动产,而工程价款优先受偿权的标的物是不动产。因此,工程价款优先受偿权不属于留置权。

从抵押权角度而言,首先,抵押权未经登记不发生法律效力,而工程价款优先受偿权则在满足法定条件时即存在,无需进行登记;其次,如当事人没有特别约定,抵押权的担保范围一般包括主债权及其利息、违约金、损害赔偿金、保管抵押财产和实现抵押权的费用,而工程价款优先受偿权的范围则完全不同(此节内容将在下一章节中详细阐述);最后,根据《施工合同纠纷司法解释(一)》第三十六之规定内容,工程价款优先受偿权优于抵押权和其他债权,也从侧面证明了工程价款优先受偿权是与抵押权不同的担保物权。因此,工程价款优先受偿权也不属于抵押权。

笔者认为,应将工程价款优先受偿权理解为法定优先权。如前所述,工程价款优先受偿权是法律出于保护进城务工人员利益、维护社会和谐稳定等政策性倾斜考量而赋予承包人的一种特殊效力的保护。因此,将其理解为法定优先权既符合其创设价值导向,也避免了与我国整个民法体系相冲突。

(二)工程价款优先受偿权的主体

1.勘察人和设计人

首先,由于工程价款优先受偿权是源于承揽人的留置权在不动产适用中的一种变通，因此，工程价款优先受偿权的标的物就是施工承包人的劳动和建筑材料所物化的建筑产品，根据《施工合同纠纷司法解释（一）》第四十条之规定，其权利指向的范围完全与工程价款相对应。因此，从这一角度而言，勘察人和设计人不属于享有工程价款优先受偿权的主体。

其次，工程价款优先受偿权制度的创设目的是保护进城务工人员利益、维护社会和谐稳定。而建设工程勘察合同和建设工程设计合同的工作成果表现为带有知识产权属性的智力成果，其实施主体属于具备专业知识的专业技术人员，不符合工程价款优先受偿权的保护对象。

最后，《施工合同纠纷司法解释（一）》第三十五条明确规定工程价款优先受偿权的权利人系"与发包人订立建设工程施工合同的承包人"。因此，从文义解释的角度，工程价款优先受偿权的权利人也不包括勘察人和设计人。

2. 施工承包人

（1）EPC总承包人

建设工程总承包（EPC）模式下，总承包人与发包人签订建设工程总承包合同，唯承包人的承包范围包括勘察、设计、采购和施工等所有工程建设任务。因此，EPC总承包人属于法律规定的"与发包人订立建设工程施工合同的承包人"范围，有权主张建设工程价款优先受偿权。

EPC模式下承包人的工程价款中包含了勘察费用和设计费用。并且，由于EPC模式下勘察、设计、施工等各环节并非简单叠加，而是共同构成一个相互交叉、紧密联系的整体，故勘察费用和设计费用一般都与施工费用一并结算支付，很难也没有必要将其单独从整个工程价款中剥离出来。因此，我们认为，EPC模式下工程价款中所包含的勘察费用和设计费用的部分也可纳入优先受偿权的范围。

（2）施工总承包人

根据《民法典》第八百零七条之规定，工程价款优先受偿权的主体应为"承包人"。《施工合同纠纷司法解释（一）》第三十五条进一步将其明确为"与发包人订立建设工程施工合同的承包人"。故施工总承包人作为最典型的享有工程价款优先受偿权的主体应是毫无争议的。

（3）中间承包人

如前所述，《施工合同纠纷司法解释（一）》第三十五条对《民法典》第八百零七条规定的"承包人"进行了限缩解释，将工程价款优先受偿权的主体进一步明确为"与发包人订立建设工程施工合同的承包人"。由此，从文义角度而言，似乎排除了分包人、转包人等与发包人没有直接合同关系的中间承包人。应当说，这一问题还有待最高院进一步的明确，以统一裁判规则。

此外，我们还应注意的是，在发包人指定分包的情形下，虽然专业分包人系与总承包人签订的分包合同，但该分包合同的签订仅为形式意义上的总包管理，其客观上接受发包人的管理和控制，并对发包人负责，因此，实质上形成了发包人与指定分包人之间直接的事实合同关系。笔者认为，这种情况下，应赋予指定分包人以工程价款优先受偿权。

3. 实际施工人

（1）转包、违法分包情形下的实际施工人

转包、违法分包情形下的实际施工人不享有工程价款优先受偿权。首先，《施工合同纠纷司法解释（一）》第四十三条关于允许实际施工人突破合同相对性直接向发包人主张权利的规定是基于一定的行业现状和政策导向所作出的特殊安排，适用该条款时应当严格审慎，避免随意扩大解释而引起法律体系的混乱。因此，实际施工人可以在满足一定前提条件下直接向发包人主张权利不等同于可以享有工程价款优先受偿权，二者之间不存在必然的联系。

其次，如前所述，《施工合同纠纷司法解释（一）》第三十五条已明确了工程价款优先受偿权的主体为"与发包人订立建设工程施工合同的承包人"，即便是合法的专业分包人等中间承包人也不享有工程价款优先受偿权，举重以明轻，如允许非法转包人、违法分包人享有工程价款优先受偿权显然于法不合、于理相悖，且可能对建筑市场中不合法的用工状态起到负面的导向作用。

（2）借用资质情形下的实际施工人

根据最高院的观点，借用资质情形下的实际施工人同样不享有工程价款优先受偿权。但是，鉴于借用资质情形下的实际施工人有其特殊性，笔者认为有必要单独讨论并作出认定。在借用资质情形下，虽然施工合同由出借资质人与发包人订立，但出借资质人与发包人之间并不存在订立合同的真实意思，属于《民法典》第一百四十六条第一款规定的以虚假意思表示实施的民事法律行为。而借用资质人才是真正的承包人，其隐藏的是借用资质的实际施工人与发包人之间的事实合同关系。因此，笔者认为，这种情况下应赋予借用资质人以工程价款优先受偿权。

4.特殊状态下的主体

在建工程状态的出现通常系因施工承包合同被解除或者施工承包合同被认定为无效而导致,而在《施工合同纠纷司法解释(一)》第三十九条中明确规定:在建工程只要质量合格,其承建人同样享有工程价款优先受偿权。其所称"在建工程的承建人"包括:

(1)合同被解除后的承包人

合同解除的前提是存在合法有效的合同,故无论合同以何种方式被解除,或因哪一方的过错而解除,其已履行完毕的部分仍被法律所认可。因此,合同解除并不免除发包人就已完工且质量合格的工程支付价款的义务。如果在合同解除的情形下就认为承包人丧失工程价款优先受偿权,无异于鼓励发包人违约,也不利于进城务工人员权益保障和社会稳定的维护。同时,基于工程质量优先原则,《施工合同纠纷司法解释(一)》第三十九条明确规定,未竣工工程只要质量合格的,承包人即可就已履行部分的工程价款享有优先受偿权。由此可见,施工合同解除并不必然影响承包人依法主张工程价款优先受偿权。

(2)合同被认定无效的承包人

首先,《施工合同纠纷司法解释(一)》第三十五条中仅规定,只要是与发包人订立建设工程施工合同的承包人就可依据《民法典》第八百零七条的规定享有工程价款优先受偿权,而对合同效力在所不论。因此,从文义解释的角度而言,合同有效与否并不是判断承包人是否享有工程价款优先受偿权的必要条件。

其次,由于建筑行业资质管理和程序要求的特殊性,我国建筑市场中无效合同普遍存在,如果以合同有效作为工程价款优先受偿权的必要条件,则将使得大量承包人丧失该制度的保护,与立法初衷不符。

最后,《民法典》第八百零七条并未排除无效合同作为行使工程价款优先受偿权的情形。工程价款优先受偿权制度从设立初衷角度而言,是对承包人就工程增值贡献的保护。而从我国建筑法体系的价值导向来看,工程质量合格是承包人得以寻求司法保护的前提。因此,工程价款优先受偿权的享有还是应以工程质量合格为条件,而不应以合同有效为条件。

(3)承包人债权让与的受让人

《民法典》第五百四十七条第一款规定:"债权人转让债权的,受让人取得与债权有关的从权利,但是该从权利专属于债权人自身的除外。"工程价款优先受偿权系用以担保工程价款债权的实现而存在，属于依附于工程价款债权的从权利。因此，工程价款债权转让时，受让人应同时取得工程价款优先受偿权。

（三）优先受偿权的制度价值

1. 利于社会财富的有效利用

法律的本质是维护统治阶级的利益并保证社会财富最大化和有效使用，简而言之就是稳定和发展。而无论是政治的立法还是市民的立法都只是表明和记载经济关系的要求。对于个体而言，财富取得的方式分为两种，即原始取得和继受取得。原始取得是指直接依据法律的规定，非依他人权利和意志而取得物权，而继受取得则是指依他人的权利和意志而取得物权。社会财富总量增加的主要方式只能是原始取得中的劳动生产和孳息。

根据物权公示原则，不动产物权的设立、变更、转让和消灭均应当依法登记。若不动产未办理产权登记，则物权设立视为未完成，也就不可能进行变更和转让，更不可能就该不动产行使从属于主权利的担保物权。在一般情况下，竣工结算的前提是通过竣工验收。一旦通过竣工验收则该不动产理论上方可办理权属登记并投入使用。若施工承包人享有留置权，在发包人未按约支付工程价款时，承包人可以行使留置权将工程扣押或拒绝向发包人交付，则该不动产的权属登记无法完成，物权无法有效取得，则物权的转让、变更和设立担保物权等均不能实现。一个实体健全、符合质量要求的不动产，若仅因承包人的债权无法实现而导致物权设立不能，无疑是不利于社会财富的有效利用的。故立法者对工程价款优先受偿权这一特殊担保物权的创设，保障了承包人权益的同时也促进了经济的正常流转和社会财富的有效利用。

2. 尊重物权优先原则的体现

物权是支配权，是对世权，是权利主体直接支配财产的权利，无须他人意思或义务人行为的介入，是权利主体直接享受物的利益的权利。物权的内容包括所有权和他物权（即用益物权和担保物权）。债权是请求权，是相对权，是债权人请求债务人为一定给付的权利。其实现必须依赖于债务人的行为。因此，物权具有优先性。除法律另有特别规定外，同一标的物上同时存在物权与债权时，物权优先于债权。

而在建设工程施工合同的履行中，竣工结算是承包人完成建设工程并经验收合格后向发包人提出最终工程价款申请从而由发包人进行结算的过程，是基于建设工程施工合同确定发包人支付工程价款的价款清算行为，指向的是工程价款，属于债权性质。而交付工程并办理不动产产权登记则是不动产物权的设立行为，是物权原始取得的方式之一，其指向的是不动产，属于物权性质。若不创设工程价款优先受偿权以替代建设工程合同这一特殊承揽合同中承揽人本应享有的留置权，则将导致债权人实现债权的权利优先于债务人取得原始物权的权利。这一结果显然与民法理论中物权优于债权的原则相悖。

3.有利于工程价款的合理确定

建设工程项目竣工移交后，发包人的合同目的原则上已经实现，故此时发包人与承包人共同追求的目的不复存在。而承包人制约发包人手段又非常有限，因此，实践中，往往会出现发包人怠于进行竣工结算以拖延支付竣工结算余款的情况。但无论从专业的角度，还是商业利润的角度而言，承包人相对于发包人和造价咨询人，其专业分类更细、对造价更敏感、商业利润也更直观。这就意味着，其对取得最大化价款的能力越强，对审定价估算精准度的影响力越大，对工作的重视程度也越高。故不难看出，对竣工结算价格把握最精准应当是该项目的承包人。同时，出具正式竣工结算审价报告又往往需要承包人在审定单上盖章。某种程度上，确定竣工结算价款的节奏完全可能由承包人把控。因此，工程价款不能确定的原因并非必然因发包人原因引起。

况且，法律规定建设工程验收合格并交付的，工程竣工结算余款的支付时间应当是建设工程交付之日。故工程竣工结算余款的支付不以工程竣工结算完毕为前提。同时，法律对发包人拖延结算的责任也进行了明确。若在此等前提下再赋予施工承包人以留置权，则其很有可能通过不移交工程的手段钳制发包人，从而迫使发包人认可对其更有利的价款。故工程价款优先受偿权的创设从某种程度上而言更有利于竣工结算价款的合理确定。

三、建议与提醒

（1）实务中，关于《施工合同纠纷司法解释（一）》的相关条款在理解和适用时，我们还应当重点关注诉讼当地法院发布的相关指导意见。例如，实际施工人是否享有优先受偿权等问题，虽然最高院明确表达了其带有指导性的解释意见，但我们也需要知道，司法实践中各地高院的具体做法不尽相同。因此，在处理具体争议过程中，当事人及代理人务必了解讼争当地法院的相关指导意见。

（2）建设工程合同是特殊承揽合同，但毕竟不是纯粹的承揽合同。故两者有相同之处，也有不同之处。其不同之处主要来自前者指向的是不动产，而后者指向的是动产。不动产除了具有"建造过程不确定性，建造结果不唯一性"外，更强调的是社会财富的有效利用和公共安全。我们在理解建设工程合同相关法律规定时一定要建立在明晰其与一般承揽合同的差异性的基础之上。

（3）在理解和适用《施工合同纠纷司法解释（一）》第三十七条时，我们还应注意，该条中所称的装饰装修工程不包括家庭居室装饰装修。家庭居室装饰装修是指城乡居民为改善自己的居住环境，自行或者委托他人对居住的房屋进行修饰处理的工程建设活动。家庭居室装饰装修不属于《建筑法》调整的范畴，其相关争议适用《民法典》中承揽合同的相关规定。因此，家庭居室装饰装修的承包人不享有工程价款优先受偿权。

（4）在判断工程价款优先受偿权的顺位时，应对"已经支付全部或大部分价款的商品房消费者"作出准确理解。一者，此处"消费者"应与《消费者权益保护法》中的"消费者"概念作相同理解，即为了生活需要而非经营需要购买房屋的自然人。二者，由于该顺位系为了保护购房者居住权而设定，故应排除出于投资经营需要购买具有商业用途的房屋的购买人。

（5）如前所述，工程价款优先受偿权的性质属于法定优先权。法定优先权属于担保物权，具有一定的追及效力，其功能是担保工程款优先支付，依附于所担保的工程而存在。因此，即便被担保的工程发生转让，也不影响承包人行使工程价款优先受偿权。

（6）根据《民法典》第八百零七条之规定，行使工程价款优先受偿权还有一个除外条件，即"建设工程的性质不宜折价、拍卖除外"。那么，哪些情形属于不宜折价、拍卖的呢？实践中存在一定争议，一般而言有三类建设工程被认为是不宜折价、拍卖的：

1）违章建筑。违章建筑由于建造行为违法，因此无法完成初始登记，进而不能处分，即便进行处分也不发生物权效力。基于此现实情况，应归属于不宜折价、拍卖的情形。

2）质量不合格且无法修复的建设工程。建设工程质量不合格且不能修复的，发包人的合同目的无法实现，承包人无权主张工程价款，自然也无权行使工程价款优先受偿权。

3）基于公共利益等角度考量，不宜折价、拍卖的建设工程。如学校等教育设施、医院等医疗卫生设施。

四、法条链接

《最高人民法院关于建设工程价款优先受偿权问题的批复》（2002年6月27日法释〔2002〕16号）

一、人民法院在审理房地产纠纷案件和办理执行案件中，应当依照《中华人民共和国合同法》第二百八十六条的规定，认定建筑工程的承包人的优先受偿权优于抵押权和其他债权。

《最高人民法院关于人民法院办理执行异议和复议案件若干问题的规定》（2015年5月5日法释〔2015〕10号）

第二十九条 金钱债权执行中，买受人对登记在被执行的房地产开发企业名下的商品房提出异议，符合下列情形且其权利能够排除执行的，人民法院应予支持：
（一）在人民法院查封之前已签订合法有效的书面买卖合同；
（二）所购商品房系用于居住且买受人名下无其他用于居住的房屋；
（三）已支付的价款超过合同约定总价款的百分之五十。

《最高人民法院关于装修装饰工程款是否享有合同法第二百八十六条规定的优先受偿权的函复》[2004年12月8日（2004）民一他字第14号]

装修装饰工程属于建设工程，可以适用《中华人民共和国合同法》第二百八十六条关于优先受偿权的规定，但装修装饰工程的发包人不是该建筑物的所有权人或者承包人与该建筑物的所有权人之间没有合同关系的除外。享有优先权的承包人只能在建筑物因装修装饰而增加价值的范围内优先受偿。

《施工合同纠纷司法解释（二）》

第十八条　装饰装修工程的承包人，请求装饰装修工程价款就该装饰装修工程折价或者拍卖的价款优先受偿的，人民法院应予支持，但装饰装修工程的发包人不是该建筑物的所有权人的除外。

《中华人民共和国民法典》

第四百四十七条第一款　债务人不履行到期债务，债权人可以留置已经合法占有的债务人的动产，并有权就该动产优先受偿。

第五百四十五条　债权人可以将债权的全部或者部分转让给第三人，但是有下列情形之一的除外：

（一）根据债权性质不得转让；
（二）按照当事人约定不得转让；
（三）依照法律规定不得转让。

当事人约定非金钱债权不得转让的，不得对抗善意第三人。当事人约定金钱债权不得转让的，不得对抗第三人。

第五百四十七条第一款　债权人转让债权的，受让人取得与债权有关的从权利，但是该从权利专属于债权人自身的除外。

第七百八十三条　定作人未向承揽人支付报酬或者材料费等价款的，承揽人对完成的工作成果享有留置权或者有权拒绝交付，但是当事人另有约定的除外。

第七百八十八条　建设工程合同是承包人进行工程建设，发包人支付价款的合同。

建设工程合同包括工程勘察、设计、施工合同。

第七百九十一条　发包人可以与总承包人订立建设工程合同，也可以分别与勘察人、设计人、施工人订立勘察、设计、施工承包合同。发包人不得将应当由一个承包人完成的建设工程支解成若干部分发包给数个承包人。

总承包人或者勘察、设计、施工承包人经发包人同意，可以将自己承包的部分工作交由第三人完成。第三人就其完成的工作成果与总承包人或者勘察、设计、施工承包人向发包人承担连带责任。承包人不得将其承包的全部建设工程转包给第三人或者将其承包的全部建设工程支解以后以分包的名义分别转包给第三人。

禁止承包人将工程分包给不具备相应资质条件的单位。禁止分包单位将其承包的工程再分包。建设工程主体结构的施工必须由承包人自行完成。

第八百零七条　发包人未按照约定支付价款的，承包人可以催告发包人在合理期限内支付价款。发包人逾期不支付的，除根据建设工程的性质不宜折价、拍卖外，承包人可以与发包人协议将该工程折价，也可以请求人民法院将该工程依法拍卖。建设工程的价款就该工程折价或者拍卖的价款优先受偿。

第八百零八条　本章没有规定的，适用承揽合同的有关规定。

《2015年全国民事审判工作会议纪要》

七、关于建设工程施工合同纠纷案件

（三）关于建设工程价款优先受偿权问题

53.第一种意见：建设工程施工合同无效，但建设工程经竣工验收合格，实际施工人请求依据合同法第二百八十六条规定对承建的建设工程享有优先受偿权的，应予以支持。

第二种意见：建设工程施工合同无效，实际施工人请求对承建的建设工程享有优先受偿权的，不予支持。

要点二十：

工程价款优先受偿权之二

一、相关条款

（一）《施工合同纠纷司法解释（一）》第四十条

1. 具体条款

承包人建设工程价款优先受偿的范围依照国务院有关行政主管部门关于建设工程价款范围的规定确定。

承包人就逾期支付建设工程价款的利息、违约金、损害赔偿金等主张优先受偿的，人民法院不予支持。

2. 主旨诠释

本条款是关于建设工程价款优先受偿权行使范围的法律规定。主要内容包括以下两部分：

（1）根据《民法典》第八百零七条之规定，工程价款优先受偿权的行使范围为建设工程价款，但本条款中并未就建设工程价款作出定义或列举其构成，而是明确以国务院有关行政主管部门规定为准。

关于建设工程价款的范围，原建设部《建设工程施工发包与承包价格管理暂行办法》第五条规定：工程价格由成本（直接成本、间接成本）、利润（酬金）和税金构成。住房和城乡建设部、财政部印发的《建筑安装工程费用项目组成》（建标〔2013〕44号）第一条第一款规定："建筑安装工程费用项目按费用构成要素组成划分为人工费、材料费、施工机具使用费、企业管理费、利润、规费和税金。"

司法实践中，可综合上述规定确定建设工程价款的范围，亦即工程价款优先受偿的范围。

（2）本条第二款通过列举排除的方式，明确了工程价款优先受偿的范围只涉及工程价款，除此之外的其他款项，如逾期支付建设工程价款的利息、违约金、损害赔偿金等因发包人违约产生的间接损失，均不属于优先受偿的范围。

（二）《施工合同纠纷司法解释（一）》第四十一条

1.具体条款

承包人应当在合理期限内行使建设工程价款优先受偿权，但最长不得超过十八个月，自发包人应当给付建设工程价款之日起算。

2.主旨诠释

本条款是关于建设工程价款优先受偿权的行使期限及起算时间的规定。主要内容包括以下两部分：

（1）建设工程价款优先受偿权应当在合理期限内行使，并且本条规定明确其行使期限不超过十八个月。该期限属于除斥期间，即工程价款优先受偿权的存续期间，不得中止、中断或延长。当事人未在该期限内行使的，则丧失工程价款优先受偿权。

（2）工程价款优先受偿权行使期限的起算时间为发包人应当给付建设工程价款之日。对于工程价款给付之日的确定，可参照《施工合同纠纷司法解释（一）》第二十七条之规定确定，即承、发包双方就工程价款给付之日有约定的从约定；没有约定的按工程交付之日、提交竣工结算文件之日、起诉之日逐一递进适用。

（三）《施工合同纠纷司法解释（一）》第四十二条

1.具体条款

发包人与承包人约定放弃或者限制建设工程价款优先受偿权，损害建筑工人利益，发包人根据该约定主张承包人不享有建设工程价款优先受偿权的，人民法院不予支持。

2. 主旨诠释

本条款是关于当事人约定放弃或限制建设工程价款优先受偿权的规定。主要内容包括以下两部分：

（1）根据"法无禁止即自由"的民法基本理论，民事主体有权自由处分其财产及权利。工程价款优先受偿权对承包人而言也是一项民事权利，原则上承包人既可以选择行使也可以选择放弃，只要放弃行为系其真实意思表示，法律并不予干涉。

（2）权利的放弃不得损害第三人的利益。工程价款优先受偿权的创设宗旨是保护进城务工人员等建筑施工人员的利益，若承、发包双方约定或承包人单方放弃工程价款优先受偿权将减少承包人责任财产导致其不能支付建筑工人报酬，损害建筑工人利益的，不被法律认可。

二、条款解读

（一）施工合同价款的组成分析

施工合同价款指承包人保质完成承建工程后，可根据签订的施工合同要求发包人支付的款项总和。该款项由签订施工合同时的供求关系、发包形式、双方博弈技巧、守约程度以及履约时的变化状态等因素决定。若用公式表示，则合同价款可归纳如下：

合同价款=工程价款+赔偿款+索赔款+其他款项

其中，工程价款=签约时工程价款+履约时工程价款

赔偿款=实际损失+违约金+逾期支付利息+预期利润

其他款项=总包管理费+总包配合费+工期奖励金+合同化建议奖励金+垫资利息

施工合同价款中最重要、所占比重最大的一般是工程价款。工程价款指承包人保质完成建设工程后发包人支付给其物化劳动及建筑材料投入的对价，即通称的"工程造价"。通常，合同价款中并非一定包括赔偿款、索赔款、其他款项，但一定包括工程价款。

1. 工程价款

"过程不确定性,结果不唯一性"是建设工程的特点。因此,工程价款包括签约时工程价款和履约时工程价款。签约时的工程价款是承包范围内的施工内容所对应的工程价款,而履约时工程价款则是指履行施工合同过程中因工程变更而增加的工程价款。但无论以上哪种工程价款,均是承包人物化劳动及建筑材料投入的对价。

2. 赔偿款

赔偿款是指因发包人的违约行为而应支付承包人的赔偿费用,主要包括:

(1) 实际损失

发包人的违约行为造成承包人已实际发生的损失,例如:逾期利息,包括进度款逾期支付的利息、竣工结算余款逾期支付的利息等。

(2) 预期利润

根据法律规定,违约方除了承担守约方的实际损失外,还要承担守约方的预期利润。该预期利润应在报价中明示,以使发包人事前知道其违约会使承包人利润受损的程度。

(3) 索赔款

索赔款是因非承包人的原因而为完成建设工程花费的实际费用。工程索赔产生的原因比合同价款中其他款项复杂,只要非因自身原因造成的费用增加均可提出。主要有以下三种原因:不属于不可抗力的自然原因(不可抗力法律有单独专门条款予以调整),第三人的原因(例如:政府的原因要求停工等),不属于发包人违约行为的原因(发包人的违约行为由合同中的违约条款予以规定)。

不同于其他合同价款的主要依据在于当事人签订的施工合同,工程索赔的依据更主要是国内外建筑业长期形成的行业惯例。所谓惯例,是指某一行业经过大量案件和各种事件所形成的一种约定俗成的规矩,其一般具有明显的行业性和专业性。无论在FIDIC和JCT合同体系中,还是在ICE和AIA合同中,均有工程索赔的相关规定。

3. 其他款项

（1）总包管理费

从建设工程造价的组成来看，没有单独一项所谓的总包管理费。在实务中，分包工程的价款结算往往有两种方式：其一是施工总承包人与施工分包人结算。根据合同的相对性，这是一种常态的结算方式。先由发包人与施工总承包人进行结算，再由施工总承包人与分包人进行结算。这种结算方式中合同价款不存在单独总包管理费这一项。其二是发包人与分包人直接结算。这种结算方式使得总包人既履行总包义务，又剥夺总承包人收取分包项目总包价与分包价的差价的权利，因此，发包人必须支付总承包人一定费用以弥补这种利差，也就产生"总包管理费"这一概念。因此，总包管理费的实质是总承包人在履行分包工程项目的总包管理义务时，收取的除直接工程费以外的其他工程价款。

（2）总包配合费

由于建设工程承、发包模式的多样性，发包人在建设工程总承包的前提下，往往会对某些工程项目进行直接发包。向直接发包的工程项目提供配合条件的施工现场则是发包人的法定义务。由于履行该法定义务需要其他承包人的配合，故发包人必须与其他承包人就完成施工条件的配合工作签订协议。在该协议中，完成配合义务的其他承包人可能是施工总承包人，也可能是与发包人直接签订承包合同的其他承包人等。因此，总包配合费的实质是施工总承包人履行约定的施工现场的配合义务，由发包人支付的给提供配合义务的总承包人的对价。

（3）垫资款

在建筑业中经常会出现工程款垫资现象。而所谓的工程款垫资是指承包方在合同签订后，不要求发包方先支付工程款或者支付部分工程款，而是利用自有资金或融资资金先进场施工，待工程施工到一定阶段或者工程全部完成后，由发包方再支付垫付的工程款。根据发包方付款的比例和时间，垫资一般可包括带资施工、形象节点付款、低比例形象进度付款和工程竣工后付款等。法律不仅肯定了垫资的合法性，而且规定垫资款利息应遵循当事人意思自治的原则。

（4）奖励金

奖励金主要包括合理化建议奖励金和提前竣工奖励金。

以上是合同价款的主要组成部分，其中，仅签约时的工程价款必然发生，其他款项可能发生，也可能不发生。此外，应特别注意不要将合同价款或工程价款与承包人为了取得合同价款而花费的成本造价混为一谈。合同价款是承包人有权要求发包人支付的包括工程价款在内的价款总和；工程价款指承包人保质完成建设工程后发包人支付给该物化劳动及建筑材料投入的对价；成本造价指承包人为完成建设工程所支付的所有成本和费用。

（二）优先受偿权的范围

1. 优先受偿权的范围包括全部工程价款

根据法律规定，工程价款优先受偿权的行使范围包括全部工程价款，而非限于承包人实际投入的成本造价。关于建设工程价款的范围，根据原建设部《建设工程施工发包与承包价格管理暂行办法》及住房和城乡建设部、财政部印发的《建筑安装工程费用项目组成》（建标〔2013〕44号）之规定可以确定。笔者将其中涉及的各类价款浅析如下，以助理解：

（1）直接费＝直接工程费＋措施费

直接工程费＝人工费＋材料费＋施工机械费

即在工程施工过程中直接耗费的构成工程实体或有助于工程形成的各种费用。

措施费＝环境保护费＋文明施工费＋安全施工费＋临时设施费＋夜间施工增加费＋二次搬运费＋大型机械设备进出场及安拆费＋混凝土模板及支架费＋脚手架费＋已完工程及设备保护费＋施工排水降水费

即为完成工程项目施工，发生于该工程施工前和施工过程中非工程实体项目的费用。

（2）间接费＝规费＋企业管理费

规费＝工程排污费＋工程定额测定费＋社会保障费＋住房公积金＋危险作业意外伤害保险

即政府和有关部门规定必须缴纳的费用。

企业管理费＝管理人员工资＋办公费＋差旅交通费＋固定资产使用费＋工具器具使用费＋劳动保险费＋工会经费＋职工教育经费＋财产保险费＋财务费＋税金等

即建筑安装企业组织施工生产和经营管理所需费用。

（3）利润

即施工企业完成所承包工程获得的盈利。

（4）税金＝营业税＋城市维护建设税＋教育费附加税

即国家税法规定的应计入建筑安装工程造价的税费。

司法解释中并未罗列上述建设工程价款的各构成部分，而是直接采用援引方式规定以国务院有关行政主管部门规定为准。这也就意味着，如果今后国务院有关行政主管部门就建设工程价款范围的规定发生了变化，则工程价款优先受偿权的行使范围也将随之变化。

2.优先受偿权的范围不包括利息、违约金、损害赔偿金

逾期支付建设工程价款的利息、违约金、损害赔偿金等因发包人违约产生的间接损失，均不属于工程价款的范围，不应扩大解释。且上述费用在性质上等同于普通债权，对保护建筑工人的利益也没有特别意义，如果也纳入优先受偿权的范围将不利于抵押权人等第三人的权益保护。为平衡各方利益，司法解释明确上述费用均不属于优先受偿权的范围。

3.垫资一般也属于优先受偿权的范围

由于施工合同是先由承包人实施工程建设，后由发包人支付价款的有履行顺序的特殊承揽合同，故施工合同从理论上而言就是垫资合同。承包人垫资施工属于工程实践常态。法律对非政府投资项目也没有明确禁止垫资的规定。垫资的本质就是承包人预先支出的工程造价成本。且根据《施工合同纠纷司法解释（一）》第二十五条之规定，垫资形成的债权受法律保护，故理应属于优先受偿权的范围。但应注意，若垫资款为用于建设工程的物化，而投入其他用途的，则不应纳入优先受偿权的保护范围。

4.索赔款等其他款项不属于优先受偿权的范围

《施工合同纠纷司法解释（一）》第四十条没有就"索赔款"是否属于优先受偿权的范围予以明确。笔者认为，虽然索赔款是以实际发生费用为前提的，但是其对建设工程起到的"增值"作用是间接的，并且也未物化到不动产中，故不宜作为优先受偿的范围。同理，总包管理费、总包配合费、合理化建议奖励金和提前竣工奖励金均不应当作为优先受偿权的范围。

（三）优先受偿权的期限和行使方式

1.优先受偿权的行使期限和起算时间

《工程价款优先受偿权批复》第四条规定："建设工程承包人行使优先权的期限为六个月，自建设工程竣工之日或者建设工程合同约定的竣工之日起计算。"原《施工合同纠纷司法解释（二）》第二十二条沿用了这一规定，同样规定工程价款优先受偿权的行使期限为六个月。此次新公布的《施工合同纠纷司法解释（一）》中则规定，承包人应在合理期限内行使优先受偿权，且该期限最长不得超过十八个月。笔者认为，这一规定是否隐含着尊重当事人意思自治[即当事人可以自行约定承包人行使优先受偿权的合理期限（但该约定也应以不损害建筑工人利益为前提），期限是否合理则有待人民法院在司法实践中结合具体案件情况予以判断]的内容还值得讨论。

再者，基于当前建筑市场的现状及司法实践的探索，原法律法规规定的六个月行使期限可能不利于承包人利益的保护，同时考虑到工程价款优先受偿权无须登记、缺乏公示，但却具有优于抵押权和其他债权的特殊地位，为避免承包人长期怠于行使优先受偿权而妨碍其他权利实现，司法解释从妥善平衡各方利益的角度考量规定了十八个月的最长期限。并且，就该行使期限的性质，理论界和实务界基本可以达成共识，即认为其属于除斥期间，不存在中止、中断或延长的情形。

根据《施工合同纠纷司法解释（一）》第四十一条之规定，工程价款优先受偿权的行使期限自发包人应当给付建设工程价款之日起算。发包人应付工程价款的时间的确定，一般以尊重当事人约定为原则。但若当事人恶意串通，损害银行等第三人利益，恶意约定延长应付款时间的竣工结余款时间的，则该约定应被认定为无效。若当事人对应付款时间没有约定或约定不明确的，则按工程交付之日、提交竣工结算文件之日、当事人起诉之日作为法定应付时间递进适用。

2.优先受偿权的行使方式

《民法典》第八百零七条规定："……发包人逾期不支付的，除根据建设工程的性质不宜折价、拍卖外，承包人可以与发包人协议将该工程折价，也可以请求人民法院将该工程依法拍卖……"由此可见，承包人行使工程价款优先受偿权的方式有两种：一是与发包人协议将工程折价，二是申请人民法院将该工程依法拍卖。实务当中当事人往往就工程价款结算等存在一定争议，更难以就工程折价达成一致意见，因此，采用第一种方式行使工程价款优先受偿权的可能性不大，当事人往往都是选择后者，即通过司法程序主张优先受偿权。当然，申请人民法院依法拍卖建设工程的前提是工程价款优先受偿权的确定，当事人可以通过诉讼或仲裁程序确定。

（四）优先受偿权的放弃

1. 优先受偿权原则上可以放弃

如前所述，根据"法无禁止即自由"的民法基本原理，只要不违反法律禁止性规定、不违背公序良俗，当事人可以自由处分自己的权利。因此，我们通常认为义务是必须履行的，而权利是可以放弃的。与法定留置权相同，优先受偿权也可以被权利人选择放弃。一般而言，承包人既可以放弃工程价款优先受偿，也可以限制工程价款优先受偿权；既可以事先也可以嗣后放弃或者限制工程价款优先受偿权；既可与发包人约定放弃或者限制建设工程价款优先受偿权，也可以就放弃或者限制建设工程价款优先受偿权作出单方承诺。

2. 优先受偿权的放弃以不损害建筑工人的利益为前提

建筑工人是整个建设工程施工环节的基础实施者和工程增值的主要贡献者。建筑产品的形成主要是以建筑工人的劳动和建筑材料的物化共同构成。而工程价款优先受偿权的创设初衷就是为了保护建筑工人的利益。故若当事人就放弃或限制工程价款优先受偿权的约定损害了建筑工人利益的，该约定应被认定为无效。

当事人关于放弃或者限制工程价款优先受偿权的约定是否损害建筑工人利益，应当综合承包人的整体资产负债状况、现金流情况等判断该约定是否足以影响其整体清偿能力，而不能仅以是否存在拖欠建筑工人工资的事实予以判断。如果当事人放弃或者限制工程价款优先受偿权的行为影响到承包人的责任财产，并因此导致其无法足额支付建筑工人工资的，则可以认定该约定损害了建筑工人的利益。

三、建议与提醒

（1）实践中，发包人通常会在合同中约定，暂扣一定比例的工程款作为工程质量保证金。因此，在承、发包双方就工程价款结算支付发生争议时，工程质量保证金往往还不具备支付条件。那么，承包人行使工程价款优先受偿权的范围是否包括工程质量保证金呢？笔者认为，工程质量保证金本质上是附条件附期限支付的工程价款，既然属于工程价款的一部分，自然应当包括在工程价款优先受偿权的范围内。但应注意的是，工程质量保证金的支付时间不应作为工程价款优先受偿权行使期限的起算时间。

（2）司法实践中，部分承包人在提出工程价款优先受偿权的主张时，可能会将实现工程价款优先受偿权的费用也纳入行使范围。显然，根据前文分析，实现工程价款优先受偿权的费用不属于工程价款的组成部分，是在行使工程价款优先受偿权过程中发生的，不应作为优先受偿权的范围。如果将其也纳入优先受偿权的范围，则会导致各方当事人利益失衡。

（3）我们应当注意辨析工程价款优先受偿权行使期限的起算时间和工程价款优先受偿权的成立时间。建设工程合同是特殊的承揽合同，因此，我们可比照留置权的成立条件来判断优先受偿权的成立条件，即承揽人完成工作成果时权利成立。具体到建设工程合同中，即承包人将劳动和建筑材料物化到建筑产品中，主债权在完成或部分完成的建设工程成果上固化，此时优先受偿权同时成立。故不可将权利成立条件与权利行使条件二者混同。

（4）按照《民法典》第八百零七条之规定，承包人行使工程价款优先受偿权的方式只有协议折价和申请人民法院拍卖工程两种。但实践中，若承包人未采取司法途径，而是通过书面函件、工作联系单等形式向发包人主张，是否是有效的行权方式？司法实践中对该问题有所争议，各地高院的指导意见也不尽相同。因此，承包人还应当在了解工程所在地法院裁判口径的前提下选择正确的行权方式。并且，鉴于实践中发生争议时，工程价款优先受偿权所针对的价款数额往往还需通过司法途径进行确定，故为稳妥起见，建议承包人还是通过诉讼或仲裁方式行使工程价款优先受偿权。

（5）如前所述，承包人关于放弃或者限制工程价款优先受偿权的约定或承诺是否损害建筑工人利益，应当综合判断其整体清偿能力。实践中，尤其需要甄别承包人恶意拖欠建筑工人工资，以实现继续行使工程价款优先受偿权的行为，并对这种行为予以否定，以维护建筑市场的诚信。

（6）工程实践中，发包人或银行往往会利用自己的强势地位，要求承包人接受放弃或者限制优先受偿权行使的条款。如果此类条款未被认定为损害建筑工人利益的，则很有可能有效。因此，承包人在签署此类合同条款或承诺时务必权衡利弊。如果基于市场供求关系不得不做出妥协，则也应尽可能寻求发包人提供其他担保。

四、法条链接

《中华人民共和国民法典》

第三百八十九条 担保物权的担保范围包括主债权及其利息、违约金、损害赔偿金、保管担保财产和实现担保物权的费用。当事人另有约定的，按照其约定。

第八百零七条 发包人未按照约定支付价款的，承包人可以催告发包人在合理期限内支付价款。发包人逾期不支付的，除根据建设工程的性质不宜折价、拍卖外，承包人可以与发包人协议将该工程折价，也可以请求人民法院将该工程依法拍卖。建设工程的价款就该工程折价或者拍卖的价款优先受偿。

《最高人民法院关于建设工程价款优先受偿权问题的批复》（2002年6月27日法释〔2002〕16号）

三、建筑工程价款包括承包人为建设工程应当支付的工作人员报酬、材料款等实际支出的费用，不包括承包人因发包人违约所造成的损失。

四、建设工程承包人行使优先权的期限为六个月，自建设工程竣工之日或者建设工程合同约定的竣工之日起计算。

《施工合同纠纷司法解释（一）》

第二十六条　当事人对欠付工程价款利息计付标准有约定的，按照约定处理。没有约定的，按照同期同类贷款利率或者同期贷款市场报价利率计息。

第二十七条　利息从应付工程价款之日开始计付。当事人对付款时间没有约定或者约定不明的，下列时间视为应付款时间：

（一）建设工程已实际交付的，为交付之日；

（二）建设工程没有交付的，为提交竣工结算文件之日；

（三）建设工程未交付，工程价款也未结算的，为当事人起诉之日。